INSTITUTO

CHIAVENATO

(Org.)

GESTÃO ORGANIZACIONAL

O DESAFIO DA CONSTRUÇÃO DO MODELO DE GESTÃO

www.saraivauni.com.br

Antonio Tadeu Pagliuso
Rodolfo Cardoso
Thaís Spiegel

GESTÃO ORGANIZACIONAL

O DESAFIO DA CONSTRUÇÃO DO MODELO DE GESTÃO

Editora Saraiva

Editora Saraiva

Rua Henrique Schaumann, 270 – CEP: 05413-010
Pinheiros — Tel.: PABX (0XX11) 3613-3000
Fax: (11) 3611-3308 — Televendas: (0XX11) 3613-3344
Fax Vendas: (0XX11) 3611-3268 — São Paulo — SP
Endereço Internet: http://www.editorasaraiva.com.br

Filiais:

AMAZONAS/RONDÔNIA/RORAIMA/ACRE
Rua Costa Azevedo, 56 — Centro
Fone/Fax: (0XX92) 3633-4227/3633-4782 — Manaus

BAHIA/SERGIPE
Rua Agripino Dórea, 23 — Brotas
Fone: (0XX71) 3381-5854/3381-5895/3381-0959 — Salvador

BAURU/SÃO PAULO
(sala dos professores)
Rua Monsenhor Claro, 2-55/2-57 — Centro
Fone: (0XX14) 3234-5643 — 3234-7401 — Bauru

CAMPINAS/SÃO PAULO
(sala dos professores)
Rua Camargo Pimentel, 660 — Jd. Guanabara
Fone: (0XX19) 3243-8004/3243-8259 — Campinas

CEARÁ/PIAUÍ/MARANHÃO
Av. Filomeno Gomes, 670 — Jacarecanga
Fone: (0XX85) 3238-2323/3238-1331 — Fortaleza

DISTRITO FEDERAL
SIA/SUL Trecho 2 Lote 850 — Setor de Indústria e Abastecimento
Fone: (0XX61) 3344-2920 / 3344-2951 / Fax: (61) 3344-1709 — Brasília

GOIÁS/TOCANTINS
Av. Independência, 5330 — Setor Aeroporto
Fone: (0XX62) 3225-2882/3212-2806/3224-3016 — Goiânia

MATO GROSSO DO SUL/MATO GROSSO
Rua 14 de Julho, 3148 — Centro
Fone: (0XX67) 3382-3682/3382-0112 — Campo Grande

MINAS GERAIS
Rua Além Paraíba, 449 — Lagoinha
Fone: (0XX31) 3429-8300 — Belo Horizonte

PARÁ/AMAPÁ
Travessa Apinagés, 186 — Batista Campos
Fone: (0XX91) 3222-9034/3224-9038/3241-0499 — Belém

PARANÁ/SANTA CATARINA
Rua Conselheiro Laurindo, 2895 — Prado Velho
Fone: (0XX41) 3332-4894 — Curitiba

PERNAMBUCO/ ALAGOAS/ PARAÍBA/ R. G. DO NORTE
Rua Corredor do Bispo, 185 — Boa Vista
Fone: (0XX81) 3421-4246/3421-4510 — Recife

RIBEIRÃO PRETO/SÃO PAULO
Av. Francisco Junqueira, 1255 — Centro
Fone: (0XX16) 3610-5843/3610-8284 — Ribeirão Preto

RIO DE JANEIRO/ESPÍRITO SANTO
Rua Visconde de Santa Isabel, 113 a 119 — Vila Isabel
Fone: (0XX21) 2577-9494/2577-8867/2577-9565 — Rio de Janeiro

RIO GRANDE DO SUL
Av. A. J. Renner, 231 — Farrapos
Fone/Fax: (0XX51) 3371-4001/3371-1467/3371-1567
Porto Alegre

SÃO JOSÉ DO RIO PRETO/SÃO PAULO
(sala dos professores)
Av. Brig. Faria Lima, 6363 — Rio Preto Shopping Center — V. São José
Fone: (0XX17) 227-3819/227-0982/227-5249 — São José do Rio Preto

SÃO JOSÉ DOS CAMPOS/SÃO PAULO
(sala dos professores)
Rua Santa Luzia, 106 — Jd. Santa Madalena
Fone: (0XX12) 3921-0732 — São José dos Campos

SÃO PAULO
Av. Antártica, 92 — Barra Funda
Fone: PABX (0XX11) 3616-3666 — São Paulo

ISBN 978-85-02-08406-3

CIP-BRASIL. CATALOGAÇÃO NA FONTE
SINDICATO NACIONAL DOS EDITORES DE LIVROS, RJ.

P155g
Pagliuso, Antonio Tadeu
Gestão organizacional : o desafio da construção do modelo de gestão / Antonio Tadeu Pagliuso, Rodolfo Cardoso, Thaís Spiegel ; [Instituto Chiavenato (org.)]. - São Paulo : Saraiva, 2010.
(Instituto Chiavenato)

Inclui bibliografia
ISBN 978-85-02-08406-3

1. Administração de empresas. 2. Planejamento estratégico. 3. Eficiência organizacional. 4. Desenvolvimento organizacional. I. Cardoso, Rodolfo. II. Spiegel, Thaís. III. Instituto Chiavenato. IV. Título. V. Série.

10-0722. CDD: 658.4
CDU: 005

18.02.10 24.02.10 017664

Diretora editorial: Flávia Alves Bravin
Gerente editorial: Marcio Coelho
Editoras: Gisele Folha Mós
Juliana Rodrigues de Queiroz
Produção editorial: Daniela Nogueira Secondo
Rosana Peroni Fazolari
Marketing editorial: Nathalia Setrini
Aquisições: Rita de Cássia da Silva
Arte e produção: Know-how Editorial
Capa: Leandro Correia

Contato com o editorial:
editorialuniversitario@editorasaraiva.com.br

AGRADECIMENTOS

Não sabemos se todos os leitores têm ciência, mas escrevemos os agradecimentos como a última coisa do livro. É uma interessante decisão, pois quando começamos a escrevê-lo não há como não lembrar de cada página do livro e todos os momentos entre a decisão de escrever e a última revisão. Parece-nos uma corrida, uma maratona que inicia-se com os primeiros treinamentos do atleta.

Este livro contém as experiências profissionais, acadêmicas e pessoais de três pessoas, que passaram a enxergar o mundo (como todos os seres humanos) com as lentes que a vida formou. O que tentamos transmitir ao leitor são frutos que foram semeados por muitas outras pessoas que nos ensinaram, orientaram, compartilharam momentos felizes e tristes.

Não há nada sem a família, ela é o início de tudo, a base que forma nossos valores, que conforma o que somos hoje e fundamenta nossa trajetória. Reconhecemos e agradecemos a existência das nossas famílias que nos cercaram e cercam durante todos os momentos de nossas vidas. Há quem diga que família é como o ar que respiramos: está sempre ali ao nosso redor, tão presente que até esquecemos. Mas quando nos falta, não conseguimos prosseguir.

Ninguém nasce sabendo, diz o dito popular. Por isto não poderíamos deixar de mencionar nossos professores, orientadores, tutores, mestres e gurus. Somos capazes de enumerar mais de uma centena de pessoas que nos ensinaram, desde nossas mais infantis lembranças até os árduos momentos de graduação, pós-graduação, mestrado e doutorado. Existem ainda aqueles professores da vida, colegas de universidade, de consultoria, examinadores, entre muitos outros. Somos gratos aos ensinamentos que recebemos em todas as fases de nossas vidas e, para nós, a melhor maneira de retribuir a estas pessoas é transmiti-los ao leitor.

Um livro que aborda a gestão não pode esquecer as organizações. Essa "entidade", tão complexa que nos atrai como imã. É importante agradecer as organizações clientes, casos de estudo e pesquisa que nos colocaram questões, nos motivaram e motivam todos os dias a buscar respostas. Sem a prática, a teoria e a pesquisa podem tornar-se um exercício sem uma razão de existência.

Agradecemos a todos vocês.

Os Autores

PREFÁCIO

A solicitação para redigir um prefácio advém, acredito, do fato de trabalharmos na UFRJ, em parceria com os autores, com os temas modelos de referência e modelos de gestão há vários anos (*download* no site: <http://www.gpi.ufrj.br>), interesse este que tem múltiplas origens.

Qualquer trabalho no nosso Grupo (de um projeto de disciplina a uma tese de doutorado) passa por uma busca sistemática e estruturada nas bases de Periódicos Capes. Essa busca traz como resultado mais de duas centenas de textos. Ora, para um gestor ao longo da sua rotina de trabalho, processar essa quantidade de informações é não factível. Daí o primeiro ponto a ser comentado: um modelo de referência sólido significa ganho de escala, pois especialistas já trabalharam centenas de textos e já os sintetizaram nessa referência. Participamos desse tipo de atividade durante a construção do eSCM junto à Universidade de Carnegie Mellon e sabemos quão longa e trabalhosa é essa tarefa.

Um segundo ponto passa pela aceleração na proposição de soluções. Já orientamos trabalhos sobre diagnósticos de cadeias de suprimento usando modelos de referência, que apresentaram resultados positivos em tempo muito curto.

Um terceiro e último ponto (em parte derivado dos anteriores) seria o da introdução de temas complexos, via modelos de referência, nas organizações. Um exemplo importante é a questão da inovação, que os modelos de referência podem tornar mais palpável, de mais fácil entendimento e aplicação.

Vamos aos problemas.

Muitos modelos de referência decorrem de visões corporativas e que podem se tornar produtos dentro de mercados específicos, ou mesmo barreiras comerciais. Nesse momento, podem deixar de ser confiáveis. Há a tendência de algumas corporações defenderem seus produtos (modelos de referência) em detrimento dos demais, não promovendo a integração entre eles. Para quem tem um martelo na mão, parafuso vira prego. Os gestores precisam ficar muito atentos a esta questão.

Do ponto de vista da organização, que está montando seu modelo de gestão apoiado em diversos modelos de referência, é necessário que a integração seja discutida/definida no âmbito de cada atividade pertinente. Esse método é longo e exige a alocação de profissionais de diferentes especialidades. A discussão atividade a atividade do mapa de processos, guiada por um conjunto estruturado de políticas intraorganizacionais e entre a organização e seu entorno me parece, hoje, a única que pode garantir consistência ao modelo de gestão.

A discussão da articulação entre gestão e desempenho é complexa e antiga. Houve época em que os economistas usaram o "efeito X" para explicar o desempenho diferente de sistemas de produção de igual composição. Hoje, admite-se que é possível caminhar na direção da fronteira de produtividade por meio da implantação de práticas de gestão mais "avançadas". Os Sistemas Baseados em Tecnologia são também baseados em Gestão. Devemos ter cuidado com o efeito "Tostines" (como diz Rodolfo Cardoso, um dos autores deste livro): uma organização é bem-sucedida porque usa modelos de referência ou ela usa modelos porque é bem-sucedida (Capítulo 4)?

Existe um conjunto de outras questões importantes: crescentes exigências regulatórias que requerem uma lista enorme de modelos de referência (por exemplo, o caso da indústria de vacinas no Brasil); competição entre organizações da mesma indústria (escrevo durante visita ao México – o setor hoteleiro vive em um meio competitivo com diversas certificações, prêmios etc.); entre outras.

Todas as questões aqui colocadas apontam para a leitura deste livro. Ele claramente pode ajudar, seja no "evitar" as armadilhas, seja no "aproveitar" as oportunidades, que, no fundo, são faces da mesma moeda.

Heitor M. Caulliraux, DSc.

Professor da EP & COPPE/UFRJ

Coordenador do Grupo de Produção Integrada

SUMÁRIO

INTRODUÇÃO

Escrever um livro cujo objetivo é apresentar a capacidade transformadora que a aplicação dos modelos de referência pode trazer à gestão das organizações não pode restringir-se a apresentar um conjunto de passos ou ferramentas, tampouco a citar uma ou mais orientações práticas ou científicas propostas para tal. É necessário ir além, aprofundar uma revisão histórica, trazer para a discussão conceitos esquecidos ou não consolidados, homogeneizar conhecimentos, bem como levantar casos e experiências brasileiros que ilustrem os assuntos abordados.

Foi de acordo com esse espírito que aceitamos o desafio de transformar nossas experiências e estudos científicos em informações capazes de auxiliar gestores, consultores e outros interessados nos caminhos da transformação organizacional por meio da gestão.

Somados, conduzimos ou participamos de quase uma centena de projetos para implementar modelos de gestão voltados para a excelência organizacional ou para avaliar organizações no Brasil e no exterior. Uma "centena" aqui descrita não expressa uma figura de linguagem, mas, sim, um número que facilmente conseguimos enumerar nos exemplos de casos que discutimos em nossas trocas de experiências.

A quantidade e a diversidade dessas experiências somaram-se a nossa trajetória profissional, intimamente ligada à busca pela excelência na gestão disseminada pela Fundação Nacional da Qualidade (FNQ), levando-nos a entender a importância de propor uma discussão ainda mais profunda do assunto aqui no Brasil. Entendemos também que era nossa obrigação compartilhar nossas experiências, práticas e acadêmicas, fomentando discussões entre os profissionais e pesquisadores que militam nesse campo, pelo qual somos pessoalmente apaixonados.

Nosso desafio remete-nos a escrever um livro que transcenda a apresentação da capacidade transformadora que as orientações para excelência são capazes de produzir.

Nesse sentido, é necessário aprofundarmos as discussões sobre conceitos ainda pouco consolidados, tais como: modelos de referência, modelos de gestão, pensamento complexo, visão sistêmica etc.

Em seguida, não podemos nos furtar a integrar as discussões teóricas com a vasta experiência e casos que vivenciamos, esclarecendo algumas questões, instigando outras ou fortalecendo nossas crenças. Dentro desse desafio, convidamos você a iniciar essa jornada e estabelecer um conjunto sucessivo de discussões aprofundadas nesses assuntos.

CAPÍTULO 1

CONTEXTUALIZAÇÃO

1.1 POR QUE ESCREVER SOBRE GESTÃO, OU MELHOR, SOBRE A EXCELÊNCIA DA GESTÃO?

Ao longo dos últimos 30 anos, um vasto conjunto preexistente de conceitos, métodos e ferramentas de apoio à gestão vem sendo disponibilizado às organizações por meio de múltiplos canais (manuais práticos, normas, publicações, consultorias especializadas etc.), com diferentes possibilidades de benefícios para estas. Adicionalmente, necessidades de relacionamento com clientes, de atendimento a requisitos legais, regulamentações, trajetória histórica, entre outros aspectos, têm conduzido à definição de referências que legitimam, mesmo que parcialmente, a capacidade de gestão das organizações no ambiente de negócio.

Essas referências tornaram-se base para as organizações que buscam melhores níveis de competitividade e sustentabilidade. Além disso, orientam os tomadores de decisão na construção da gestão organizacional, especialmente quando é necessária uma certificação ou um reconhecimento formal para transmitir a legitimidade esperada a todas as partes interessadas da organização. No entanto, as referências são apenas pontos de partida, sobre elas é necessário o desenvolvimento de soluções específicas pelas organizações.

Esse assunto pode ser observado por outro prisma. Autores renomados como Peter Senge, Humberto Maturana, Gareth Morgan, Henry Mintzberg, Clayton Christensen, entre outros, propõem sistematicamente um *novo olhar sobre a gestão das organizações,* resgatando discussões já iniciadas por eles e outros autores (Fritz Capra, Arie de Geus, Chris Argyris, Donald Schön, Joseph Schumpeter, Carlos Handy, Edgar Morin) sobre *pensamento sistêmico, pensamento complexo, cultura e metáforas organizacionais e inovação.*

Nesse sentido, as organizações devem buscar ajustar o ambiente de negócio, suas estratégias e os principais componentes da gestão – pessoas, arquitetura, rotinas e cultura – como forma de obter melhor desempenho ou mesmo sobreviver no mercado.

Peter Senge (1990) destacou que, em 1983, um terço das quinhentas empresas relacionadas na revista *Fortune*, em 1970, havia desaparecido. Em sua palestra no 6º Fórum Empresarial da FNQ, ele relembrou esses dados, ressaltando sua preocupação com a necessidade de os decisores serem capazes de gerenciar de forma sistêmica, inter-relacionada e global suas organizações. Outra pesquisa, realizada entre as 500 maiores empresas da revista *Fortune*, constatou que 85% dos entrevistados disseram que suas companhias não tinham um nível suficiente de líderes globais (GIBSON et al., 2006).

Se considerarmos todas as organizações que desapareceram nos últimos 40 anos, inclusive algumas das maiores e mais admiradas do Brasil, concluiremos que mesmo tendo sucesso financeiro, com produtos ou serviços de qualidade, faltou para seus administradores uma visão mais abrangente, mais sistêmica sobre a organização, seus negócios e o ecossistema em que ela atuava – assim como um equilíbrio entre a busca por resultados quantitativos e qualitativos e um atendimento mais homogêneo entre as diversas partes interessadas da organização.

Vamos prosseguir aprofundando conceitos e discussões que orientem as organizações na utilização das referências externas para construir e explicitar sua forma de gerir, conferindo à gestão os aspectos de *integração, coerência estratégica, alinhamento cultural, capacidade de aprender e inovar.* Essa gestão proporcionará às organizações alcançarem desempenho de classe mundial sustentável diante da atualidade caótica de nossa existência.

1.2 HISTÓRICO

Diante do propósito deste livro, é importante ressaltar, inicialmente, que não nos referimos somente ao momento presente, que busca transformar o futuro da competitividade sustentável das organizações. Nossas discussões inserem-se em uma trajetória que, independentemente das discussões de rupturas que nela ocorreram, possui um inegável contínuo histórico. Assim, resolvemos aqui apresentar essa trajetória histórica dos movimentos da qualidade, da excelência e das referências em gestão para que possamos aproveitar os próximos capítulos com conhecimentos mais homogêneos.

Já na Antiguidade é possível a identificação de esforços na busca da melhoria das atividades produtivas e dos respectivos produtos gerados. Sob o Faraó Tutmosis I aplicavam-se, já no Egito, tijolos uniformes e padronizados para a construção de casas. Na Idade Média, a produção de bens específicos era realizada de forma familiar e não era incomum que marcas ou nomes de família se tornassem expressivos referenciais na produção de espadas, armaduras, selas de cavalo etc. Mitra (apud CAJAZEIRA, 2005) denomina essa fase de produção como o período do Controle pelo Operador, no qual o limite de quantidade de geração dos ativos permitia que a mesma pessoa produzisse e controlasse os resultados.

Em 1740, durante o reinado de Frederico, o Grande, da Prússia, constatou-se esforços na transformação de seus exércitos em um instrumento confiável de guerra por meio da introdução de conceitos burocráticos, gerenciais e de qualidade. Entre essas reformas estavam a padronização e regulamentação das atividades, a especialização de tarefas e atribuições, o estabelecimento de uma linguagem de comando, o uso de equipamentos padronizados e o treinamento sistemático. Esse fato histórico, lembrado por Morgan (2007), demonstra que as preocupações com conceitos que cercam as decisões gerenciais atuais foram foco de estratégias de mudanças há mais de 250 anos.

A Revolução Industrial americana acarretou a modificação das produções artesanais em pequenas quantidades de cada produto para as produções em massa, em que a produção necessitava de mecanismos para viabilizar o intercâmbio de peças. Nesse momento, os conceitos gerenciais adotados tornavam-se inapropriados. Era necessário atuar de forma profissional para mitigar o impacto do aumento de defeitos proporcionado por linhas de produção não artesanais e em larga escala. Frederick W. Taylor, pai da "administração científica", legitimou a Fase da Inspeção, quando segregou atividades específicas associadas à inspeção das atividades de produção (GARVIN, 2002).

O crescimento econômico e comercial após a 2ª Revolução Industrial fortaleceu o estudo da administração científica, iniciando a condução de pesquisas sobre gerenciamento de negócio. Os livros de Radford, em 1922, denominado *The control of quality in manufacturing,* e de Shewhart, em 1931, *Economic control of quality of manufactured product,* foram os principais marcos da transição para a Fase do Controle da Qualidade.

Em seu livro, Shewhart (1931) estabeleceu uma definição precisa e mensurável de controle de fabricação, criando poderosas técnicas de acompanhamento e avaliação da produção diária, além de propor diversas maneiras de se melhorar a qualidade. Ele foi o primeiro a reconhecer que a variabilidade era um fato concreto na indústria e que ela seria entendida por meio dos princípios da probabilidade e da estatística.

A Segunda Guerra Mundial tornou-se um marco na trajetória da qualidade e da gestão organizacional como um todo. A necessidade norte-americana de construção do seu arsenal militar, principalmente após as perdas ocorridas em Pearl Harbor, trouxe situações industriais inusitadas, como as produções da IBM de mais de 340 mil carabinas para o exército norte-americano. Em dezembro de 1940, o Departamento de Guerra formou um comitê para sugerir padrões na área da qualidade, publicados oficialmente nos anos seguintes (GARVIN, 2002). Os conceitos do controle da qualidade tornaram-se tão importantes nesse momento que foram inseridos como disciplina acadêmica na Carnegie Institute of Tecnology (1941) e Stanford (1942), havendo, ao final da guerra, disciplinas em mais de 25 instituições de ensino norte-americanas.

Joseph Juran, em 1951, observou que os custos para se atingir um determinado nível da qualidade podiam ser divididos em evitáveis e inevitáveis. Os custos evitáveis estavam associados a defeitos e falhas de produto, e os inevitáveis, associados à prevenção (JURAN, 1992). Em 1954, a Union of Japonese Scientists and Engineers (JUSE) o convidou formalmente para realizar um conjunto de palestras a empresários e especialistas japoneses, estabelecendo o Programa de Educação do TQC (JUSE, 2007).

Armand Feigenbaum, em 1956, levou esse princípio um passo adiante, propondo a Fase do Controle Total da Qualidade, na qual a eficácia baseava-se em um controle que se iniciava no projeto do produto e somente terminava quando este chegasse às mãos do usuário (GARVIN, 2002). Essa proposta foi fortemente adotada pelas organizações japonesas de acordo com os esforços organizados pela JUSE na reconstrução econômica desse país.

Nesse mesmo período, a Engenharia da Confiabilidade, impulsionada pelo Departamento de Defesa Norte-americano e pela indústria de eletrônicos, fortaleceu a crença na teoria da probabilidade e na estatística para garantir um desempenho aceitável do produto ao longo do tempo (GARVIN, 2002). Os avanços produzidos nessa fase possuem alta influência nas modernas ferramentas gerenciais utilizadas atualmente, por exemplo, o Failure Mode and Effect Analysis (FMEA) e o Seis Sigma.

Em paralelo ao movimento da Qualidade e ao da Engenharia da Confiabilidade, a Toyota realizou modificações na sua produção e construiu conceitos, métodos e ferramentas até hoje referenciados mundialmente. Nesse período, a preocupação dessa empresa japonesa era a competitividade mundial por meio da produção de muitos modelos em pequenas quantidades e com alta flexibilidade de produção (OHNO, 1997). Em 1965, o Sistema Kanban de Produção foi consolidado e iniciou-se o treinamento nas fábricas filiadas, influenciando não somente essas fábricas, mas também diversas outras organizações japonesas. Em 1970/1971, conforme Ohno (1997), a evolução da gestão da Toyota atingiu o patamar de definição das principais práticas e ferramentas.

A evolução dos conceitos de qualidade vigentes na década de 1960 e 1970 conduziu a uma nova modificação conceitual. Em 1979, foi publicado o livro *Quality is free,* de Phil Crosby, com o tema "*quality management maturity grid*", baseado em cinco estágios evolucionários de adoção de práticas de qualidade, significando um marco dessa passagem conceitual. O conceito Zero Defeitos, originado na Martin Company (1961 e 1962), passou a influenciar fortemente os estudiosos da qualidade, os quais, somando-o aos avanços das técnicas da Engenharia da Confiabilidade, consolidaram a Garantia da Qualidade (GARVIN, 2002).

O período entre as décadas de 1960 e 1970 foi altamente denso em termos de surgimento de conceitos e orientações que fundamentam diversas crenças utilizadas hoje na gestão das organizações. Além dos conceitos já citados, em 1969-1970 foi criado o Project Management Institute, em resposta às necessidades de gestão de projetos complexos desenvolvidos com a corrida espacial norte-americana e ao fortalecimento da preocupação com projetos de produto e processo de produção.

Nessa década, ainda, ocorreram divulgações de escândalos financeiros em corporações dos EUA nos pagamentos ilícitos a oficiais estrangeiros e políticos, iniciando uma sucessão de esforços na implementação de controles de órgãos públicos e privados. Em consequência, a United States Securities and Exchange Commission e o Congresso dos EUA criam, em 1977, o Foreign Corrupt Practices Act (FCPA), em função de práticas de corrupção e de financiamento questionável de campanhas eleitorais.

A Guerra Fria, por sua vez, conduziu os esforços de pesquisa e produção das organizações militares para os temas de qualidade e confiabilidade. Em 1970, a Organização do Tratado do Atlântico Norte (Otan) adotou as normas Allied Quality Assurance Publication (APAQ), primeira grande orientação voltada para a garantia da qualidade. Em 1976, impulsionados pelos benefícios da APAQ, surgiram o grupo de trabalho da ISO, denominado TC 176, e as normas britânicas Defense Standart e BS 5750. Como consequências dos estudos do TC 176, em 1987, foram aprovadas as normas ISO 9000, fortemente baseadas na BS 5750, cujo propósito era prover uma documentação contratual para demonstrar que a produção estava sob controle.

As técnicas e ferramentas adotadas no Japão, após a Segunda Guerra Mundial, apresentaram seus resultados mais expressivos nos anos 1970 e 1980. A Toyota, em 1973, dominava em torno de 20% do mercado doméstico norte-americano, e o Japão multiplicou seu PIB por oito entre os anos de 1955 e 1975. Instauraram-se, na academia norte-americana, vários movimentos de reação ao desempenho das indústrias japonesas, tendo no artigo publicado por Skinner (1986 apud CAJAZEIRA, 2005) um marco de mudança. Nele é explicado que a busca na redução dos custos das indústrias norte-americanas por mais de 10 anos não tinha sido suficiente para vencer o modelo japonês suportado por um investimento maciço em tecnologia, busca esta obsessiva por qualidade e planejamento eficiente e eficaz.

No início da década de 1980, Thomas J. Peters e Robert H. Waterman Jr., ambos consultores da McKinsey & Company, conduziram uma pesquisa com 62 organizações norte-americanas, consideradas de classe mundial, selecionadas a partir de testes de desempenho de alto padrão, no período de 1961 a 1980. O objetivo da pesquisa foi identificar os aspectos comuns que levavam essas organizações a serem bem-sucedidas. Esse estudo resultou na identificação de fundamentos básicos necessários para formar uma cultura de gestão voltada para resultados, que mais tarde se consolidariam no Malcolm Baldrige National Quality Award.

Adicionalmente, em 1982, após o relatório final das sete conferências patrocinadas pelo American Productivity and Quality Center (APQC), do qual participaram 175 executivos, líderes empresariais e acadêmicos, recomendou-se a criação de um Prêmio Nacional da Qualidade® nos Estados Unidos. Em setembro de 1985, líderes empresariais e executivos formaram o Comitê para criação do Malcolm Baldrige National Quality Award (MBNQA), fortemente influenciado pelos conceitos do Total Quality Management (TQM) (GEORGE, 1992 apud CAJAZEIRA, 2005).

Três aspectos marcaram a consolidação do TQM: a publicação das normas ISO 9000, a definição do MBNQA e a publicação do livro *Total quality control for managers*: strategies and techniques from Toyota and Toyoda Gosei, de Nemoto.

Nos anos 1980, os esforços iniciados nas áreas de Tecnologia de Informação, Gerenciamento de Projetos e Proteção de Políticas Públicas apresentaram marcos de consolidação bastante expressivos. Em 1984, surge a publicação Certificação de Profissional de Projeto (PMP), definida pelo PMI. Em 1985, ocorrem as publicações *Characterizing the software process:* a maturity framework e *A method for assessing the software engineering capability of contractors*, ambas da Software Engineering Institute na Carnegie Mellon University, base para a publicação, em 1989, das normas Capability Maturity Model (CMM).

Ainda em 1985, é formado o Committee of Sponsoring Organizations of the Treadway Commission (COSO), para apoiar as iniciativas da National Commission on Fraudulent Financial Reporting, conhecida como Treadway Commission.

Esse histórico pode ser visualizado no Quadro 1.1, resultado de estudo realizado pelo Grupo de Produção Integrada (GPI/COPPE/UFRJ), que mapeou o movimento apresentado anteriormente, explicitando-o em uma linha de tempo (CARDOSO, 2008).

Período	Principais eventos
1920 a 1940	• Publicação do livro *The control of quality in manufacturing* (1922). • W. A. Shewhart publica *Economic control of quality of manufactured product* (1931). • A Bells Laboratories utiliza-se do termo "risco do consumidor e do produtor" como parte da gestão da produção (1932).
1941 a 1950	• Os cursos de Controle Estatístico da Qualidade foram ministrados pela primeira vez na Carnegie Institute of Tecnology (1941) e em Stanford (1942). • Criação da Fundação Juse, no Japão (1946). • No Complexo de Koromo (Toyota), são realizados os primeiros testes de linhas paralelas ou L (1947). • Criação do Deming Prize, prêmio comemorativo da visita de Deming ao Japão (1950).
1951 a 1960	• Juran publica o livro *Quality control handboook* (1951). • A Juse convida Juran e estabele o programa de educação do TQC (1954). • Adoção do Andon na fábrica da Toyota (1955).
1961 a 1970	• O Sistema Kanban de Produção é consolidado e inicia-se o treinamento nas fábricas filiadas (1965).
1971 a 1980	• A evolução da gestão da Toyota atinge o patamar de definição das principais práticas e ferramentas, conforme Taiichi Ohno (1971). • Aumento da demanda por sistemas de informação computadorizados impulsionado pela necessidade de melhorias tecnológicas (década de 1970). • Conferência Mundial sobre o Meio Ambiente (1972). • Divulgação em editoriais de escândalos financeiros envolvendo corporações dos EUA em pagamentos ilícitos a oficiais estrangeiros e políticos (1975-1977). • Surgimento do TC 176 (1976) – grupo técnico da International Organization for Standardization (ISO). • Defense Standard e BS 5760 (1976). • United States Securities and Exchange Commission (SEC) e o Congresso dos EUA criam o Foreign Corrupt Practices Act (FCPA), em função de práticas de corrupção e de financiamento questionável de campanhas eleitorais por corporações no meio dos anos 1970 (1977). • Publicação do livro *Quality is free*, de Phil Crosby, com o *Quality management maturity grid*, baseado em cinco estágios evolucionários de adoção de práticas de qualidade (1979). • O Prompt II (Project, Resource, Organization, Management and Planning Techniques) é adotado pela Central Computing and Telecommunications Agency (CCTA) com padrão para projetos de TI do governo britânico (1979).
1981 a 1982	• O Banco Interamericano de Desenvolvimento (BID) publica a definição da *Economia do conhecimento* (1981). • O relatório final de sete conferências patrocinadas pelo American Productivity and Quality Center (APQC), do qual participaram cerca de 175 executivos, líderes empresariais e acadêmicos, recomendou-se a criação de um Prêmio Nacional da Qualidade® no Estados Unidos (1982).
1983 a 1984	• Criação do Software Engineering Institute (SEI) (1984). • Primeiro Project Management Professional (PMP®) certificado (1984).

(continua)

(continuação)

1985 a 1986	• Líderes empresariais e executivos da qualidade dos EUA formaram o comitê para criação do Prêmio Nacional da Qualidade® (1985). • Publicação do IBM Maturity Grid no relatório A Programming Process Study no *IBM Systems Journal* (1985). • Formação da National Commission on Fraudulent Financial Reporting (conhecida como Treadway Commission) (1985). • Formação do Committee of Sponsoring Organizations of the Treadway Commission (COSO), para apoiar as iniciativas da National Commission on Fraudulent Financial Reporting (1986). • Acidente na Usina Nuclear de Chernobyl afeta mais de 4 milhões de pessoas e levanta a discussão sobre a segurança quanto a impactos socioambientais provocados por reações nucleares de elementos radioativos (1986).
1987 a 1988	• Criação do Malcolm Baldrige National Quality Award (1987). • Primeira versão das Normas ISO 9000 (1987). • Publicação do livro *Total quality control for managers:* strategies and techniques from Toyota and Toyoda Gosei, de Nemoto (1987). • Publicação do *Defense science board task force on military software report* sobre problemas no desenvolvimento de softwares militares (1987). • Relatório inicial da Treadway Comission recomendando o desenvolvimento integrado de orientações em controles internos (1987). • Publicação dos relatórios Characterizing the software process: a maturity framework e A method for assessing the software engineering capability of contractors pelo SEI (1987). • Publicação inicial da EDP Auditors Association (atual ISA/CA) (1987). • Divulgação do Our Common Future, relatório da Comissão Mundial (Comissão Brundland) sobre o meio ambiente, enviado à ONU (1987). • O UK Department of Trade and Industry (DTI) criou o Comercial Computer Security Centre (CCSC) com o objetivo de auxiliar as companhias britânicas que comercializavam produtos para segurança de TI (1987).
1989 a 1990	• Publicação de *Bugs in the program report*, sobre problemas no desenvolvimento de software dos sistemas governamentais (1989). • Primeiro grande contrato de *outsourcing* de TI entre IBM e Xerox (1989). • Publicação do CMM no livro *Managing the software process*, de Watts Humphrey's (1989). • Lançamento do Itil para gerenciamento da infraestrutura de TI do governo britânico (1989). • Desenvolvido o Prince I para gerenciamento de projetos de TI do governo britânico (1989). • Criação do Programa Brasileiro de Qualidade e Produtividade (PBQP) (1989). • Em 1989, foi publicada a primeira versão do código de segurança, denominado PD0003 – Código para Gerenciamento da Segurança da Informação. • Publicação do CMM v2.0 (1990). • Primeira Conferência Mundial do Direito Ambiental (1990).
1991 a 1992	• Publicação do SW-CMM v1.0 (1991). • Publicação de *Key practices of the capability maturity model* pelo SEI (1991). • Conferência das Nações Unidas sobre o Meio Ambiente e o Desenvolvimento – ECO (1992). • Criação da Fundação para o Prêmio Nacional da Qualidade®, atual FNQ (1991), e primeira versão do Prêmio Nacional da Qualidade® (1992). • O COSO publica o trabalho *Internal Control – Integrated Framework* (1992).

(continua)

(continuação)

1993 a 1994	• A ISO estabeleceu o TC 207, cujo objetivo principal era estabelecer "normalizações no campo das ferramentas e sistemas para gerenciamento ambiental" (1993). • Primeira revisão da ISO 9000:1994, com a introdução dos conceitos de gestão levantados no TQM (1994). • Membros da EDP reconheceram a necessidade de um *framework* com objetivo de executar auditorias – primeira versão do Cobit (1994).
1995 a 1996	• Primeira versão do Systems Engineering CMM (1995). • Publicação do Systems Engineering Capability Assessment Model (Secam) pela Incose (1995). • Publicação da BS 7799 – Parte 1 (1995). • Publicado o Prince II (1995). • Publicação da série de normas ISO 14000 (1996). • Denúncias de utilização de mão de obra infantil e escrava na indústria chinesa de brinquedos, principal fornecedora das redes norte-americanas de varejo (1995/1996). • Estabelecimento da BS 8800, norma britânica não certificável sobre orientação para Segurança no Trabalho, utilizando-se da mesma estrutura da ISO 9000 (1996). • ISO estabelece grupo para Gestão de Saúde e Segurança no Trabalho (1996).
1997 a 1998	• União do SE-CMM e Secam para formação do EIA/IS 731, Systems Engineering Capability Model (SECM), base para o CMMI (1997). • Publicada a versão 2 do Cobit (1997). • Estabelecimento da unificação de organismos de certificação para a BS 8800 (1997). • Publicação da SA 8000 (1998). • Publicação da BS 7799 – Parte 2 (1998).
1999 a 2000	• Publicada a versão 2 do Itil (1999). • Programa de certificação PMP reconhecido pela ISO (1999). • Publicação da ISO 17799 (1999). • ISO ratifica a utilização das normas OHSAS 18001 (1999). • Segunda revisão das normas ISO 9000 (2000). • Lançamento da BS 15000 (2000). • Primeiro ciclo do PNQ com a aplicação do Modelo de Excelência da Gestão® (MEG) totalmente brasileiro. • Início dos trabalhos de revisão bibliográfica para o eSCM. • Terceira versão do Cobit. • Publicação da ISO 17799. • Escândalo da Earon. • Publicação do eSCM-SP v. 1.0.
2001 a 2002	• Publicação do CMMI. • Revisão da BS 15000 (alinhamento ao Itil). • Revisão do eSCM-SP v. 1.1. • Aprovação da Lei Sarbanes-Oxley.
2003 a 2004	• Lançamento do OPM3. • Criação do oitavo critério – Sociedade e consolidação do Modelo de Excelência da Gestão® (MEG). • Publicação do e-SCM v. 2.0. • Publicação da terceira edição do PMBOK®. • O COSO publica o Enterprise risk management – integrated framework com PWC. • Publicação da NBR 16000 (Responsabilidade Social).

(continua)

(continuação)

2005 a 2006	• A BS 15000 é traduzida em ISO 20000. • Publicação do Cobit 4.0. • Publicação do Prince II. • Publicação da ISO 17.799 v. 2. • Publicação da ISO 27000. • Publicação do CMMI v. 2.0. • O COSO publica o *Internal Control over Financial Reporting* (ICOFR), guia para pequenas empresas. • Início das discussões para a ISO 26000 (grupo de trabalho criado em 2007 sob coordenação da ABNT).
2007 a 2008	• Primeira reunião do Global Excellence Model em um país Ibero-americano (reunião realizada no Brasil, organizada pela FNQ). • Primeira revisão da norma OHSAS 18001. • Terceira revisão das normas ISO 9000. • Lançamento da norma NBR 15999 – Gestão da Continuidade dos Negócios, tendo como base a norma inglesa BS 25999.

FONTE: Adaptado de Cardoso (2008).

QUADRO 1.1 Trajetória histórica – 1920 a 2008

1.3 ENTENDENDO NOSSO CONTEXTO

A ideia de escrever esta parte do livro tinha a finalidade de expressar a você, leitor, as questões que iremos abordar ao longo dos próximos capítulos. Buscaremos aqui apresentar alguns conceitos básicos e ideias sobre o mundo da gestão atual, bem como as principais questões que devem ser encaminhadas no futuro. Enquanto construíamos o livro, chegamos a chamar este item de nosso *playground*, pois queríamos mostrar a matéria da qual dispomos para "brincarmos" nos próximos capítulos.

Vamos começar com algumas perguntas: Mas, afinal, o que são essas organizações? O que configura esta entidade na qual a gestão ocorre? Que instituição é esta que os inúmeros modelos de referência buscam orientar?

Assim, antes de prosseguirmos, propomos um voo rápido para conhecermos algumas das visões sobre o ato social que chamamos de organizar, bem como algumas das características inerentes às organizações.

Segundo Carson (1967, p. 1), "sempre que duas ou mais pessoas se unem para se ater a um propósito comum, uma organização é formada. Organização, a estrutura sobre a qual os indivíduos se unem, é essencial ao alcance de um objetivo comum".

Para Etzioni (1984, p. 3), "as organizações são unidades sociais (ou agrupamentos humanos) intencionalmente construídas e reconstruídas, a fim de atingir objetivos específicos. Incluem-se as corporações, os exércitos, as escolas, os hospitais, as igrejas e as prisões; excluem-se as tribos, as classes, os grupos étnicos, os grupos de amigos e as famílias".

De forma coerente com essas visões, as organizações são entendidas por Daft como "entidades sociais, orientadas por metas, projetadas como sistemas de atividade deliberadamente estruturados e coordenados e ligadas ao ambiente externo" (DAFT, 2003, p. 10).

Nossa intenção nos textos que se seguem é apresentar a você, leitor, de que forma o entendimento dessas entidades sociais foi conformado e reconfigurado ao longo dos anos.

1.3.1 ABORDAGENS E VISÕES SOBRE AS ORGANIZAÇÕES

Nas teorias clássicas de administração do início do século XX, as organizações são consideradas conjuntos de componentes interligados de maneira precisa e específica, cada qual com sua finalidade, unidas "por linhas claras de comunicação, coordenação e controle" (CAPRA, 2002, p. 114). Esses modelos possuem o foco no caráter das estruturas internas das organizações, e a abordagem de seus problemas é enfatizada "mais em termos de sistema fechado do que aberto" (KATZ; KAHN, 1975, p. 90).

Vamos estabelecer uma pequena pausa em nossa apresentação. É importante que você, leitor, entenda os conceitos de sistemas abertos e fechados para compreender claramente nossa argumentação. Para tal, utilizaremos as definições apresentadas por Vicente (1999):

- *Sistemas fechados* – são os sistemas que *não* interagem com seu ambiente (ou ecossistema), não sofrendo os distúrbios dele decorrente.
- *Sistemas abertos*[1] – são os sistemas que interagem com o seu ambiente (ou ecossistema), sofrendo deles interferências que provocam distúrbios ou mudanças.

Segundo Senge (1990), nas organizações de inspiração clássica, os processos decisórios seguem modelos mentais dominados em sua maioria pelo raciocínio linear, e são, portanto, incompletos e cronicamente não sistêmicos. O modo linear de ver o mundo faz com que enxerguemos os fenômenos naturais, sociais, políticos e econômicos como uma sequência de eventos. Dessa forma, torna-se impossível ter uma visão global das consequências, mesmo sabendo que elas são abrangentes.

As teorias de administração que sucederam as teorias clássicas iniciais consideraram progressivamente, em maior ou menor grau, o fator humano, as organizações como sistemas abertos e a interdependência entre estas e o meio ambiente. Elas surgiram em um

[1] Os sistemas abertos são abordados mais detalhadamente em 1.3.4.2.

esforço quase sequencial de tratar as questões que não haviam sido devidamente consideradas ou cujas soluções não tinham apresentado resultados inteiramente satisfatórios.

A princípio, a Escola das Relações Humanas abordou o lado humano das organizações sob a ótica da resistência que os trabalhadores ofereciam, consciente ou inconscientemente, às condições degradantes de trabalho. Continuava-se pensando a organização como um sistema fechado e acreditava-se que as conclusões alcançadas para uma organização seriam válidas para todas as demais (BAUER, 1999).

Na sequência, a Escola Comportamentalista analisou as organizações segundo dimensões de suas estruturas informais. A crença era a de que, se explicado o comportamento humano, este poderia ser previsto. Acreditava-se que havia uma melhor maneira de motivar as pessoas e que, uma vez descoberta, esta seria aplicável a qualquer organização (BAUER, 1999).

Depois, o Desenvolvimento Organizacional analisou as organizações com base em suas estruturas informais, não deixando de considerar suas estruturas formais. Partiu, nesse sentido, do pressuposto de que não há um único modelo organizacional independente das circunstâncias e que as organizações devem adaptar-se sempre de forma planejada (BAUER, 1999).

Chegamos, enfim, à Teoria Contingencial, que recorre à teoria dos sistemas para entender as organizações como um conjunto de subsistemas de naturezas distintas, inter-relacionados, que devem ser consistentes internamente e adaptados às condições ambientais vigentes (MORGAN, 2007). Considerando o trabalho de Morgan, os pesquisadores da Teoria Contingencial desenvolveram modelos prescritivos e de diagnóstico, acreditando ser possível a identificação das doenças organizacionais e a prescrição de algum tipo de cura para cada uma delas. Ocorre que "o grau de harmonia interna e de ajustamento com o ambiente é produto da decisão, atividade e inatividade humanas, de modo que a incongruência e o conflito são a regra geral" (MORGAN, 2007, p. 77).

Já segundo a Concepção Sistêmica, o mundo é descrito em termos de relações e de integração, e sistemas são "totalidades integradas, cujas propriedades não podem ser reduzidas às de unidades menores" (CAPRA, 2002, p. 260). Para Capra, a auto-organização é um princípio dinâmico que reflete a plasticidade e a flexibilidade interna de sistemas vivos regidos "mais por relações dinâmicas que por rígidas estruturas mecânicas" (CAPRA, 2002, p. 263).

1.3.2 NATUREZA DAS ORGANIZAÇÕES: O FATOR HUMANO

Apesar de sua aparente preocupação com fatos, números, objetividade, concretude e responsabilização, as organizações estão saturadas de subjetividade, abstração, adivinhação, improvisação, invenção e arbitrariedade, justamente como o resto de nós (WEICK; SUTCLIFFE, 2003). Em uma linha similar de raciocínio, Daft (2003) aponta como elemento-chave das organizações as pessoas e os relacionamentos recíprocos.

Do mesmo modo que outros sistemas sociais, as organizações têm por pilares as "atitudes, percepções, crenças, motivações, hábitos e expectativas dos seres humanos, e representam padrões de relacionamento em que a constância das unidades individuais que neles se envolvem é muito baixa" (KATZ; KAHN, 1975, p. 49-50). Morgan corrobora dessa visão ao interpretar as organizações como fenômenos socialmente construídos, produtos, em grande parte, das visões, ideias, normas e crenças das pessoas, dependentes das ações criativas dos seres humanos (MORGAN, 2002).

Segundo Weick e Sutcliffe (2003), o comportamento de uma pessoa é contingente ao comportamento de outra. Qualidades distintas de cada indivíduo se manifestam de acordo com o ambiente e as pessoas com quem ele interage. Já Wheatley (2002) salienta que em cada relação a pessoa é diferente e, de alguma maneira, nova.

Ouchi (1982) reforça essa percepção, ao expor que os relacionamentos entre as pessoas são sempre complexos e mudam permanentemente. Morgan (2007, p. 136) sugere que "os desdobramentos em qualquer organização são um reflexo do que está na mente das pessoas", bem como que as organizações se baseiam em "significados compartilhados que permitem que as pessoas se comportem de maneira organizada".

As reações diferenciadas explicam-se pela singularidade organizacional. Esta resulta da teia de valores que é construída e reconstruída pela interação dos indivíduos que a integram. Os valores organizacionais constituem a abstração de que nos servimos para buscar compreender cada organização em sua singularidade. Na essência da convergência para a singularidade estão as pessoas com seus próprios valores, e o processo de construção e reconstrução se perpetua infinitamente.

Ressaltamos aqui o fato de que mais do que suas instalações e equipamentos, o que caracteriza uma organização são as relações interpessoais entre os indivíduos que a compõem, e entre eles e seus interlocutores externos ao sistema organizacional. O constructo social que denominamos de organização é produzido pelas pessoas e o padrão de relações que elas estabelecem, caracterizado por valores, crenças, motivações, expectativas e outros aspectos inerentes à natureza humana. Assim, para compreendê-lo, precisamos entender um pouco da natureza humana.

Essa é uma necessidade que incorpora uma "saborosa complexidade" à discussão deste livro. É, certamente, um erro reducionista imaginar que seria possível construir a excelência na gestão sem abordar com igual excelência o comportamento humano das pessoas que formam a organização. Por diversas vezes, o fator humano e a cultura organizacional serão ponto de nossas discussões.

1.3.3 CULTURA ORGANIZACIONAL

Como vimos, uma estrutura social se forma a partir das complexas interações entre as pessoas e converge ao redor do comportamento coletivo estruturado, expresso nos valores, crenças e regras de conduta. Harrison e Shirom (1999) entendem a cultura organizacional como um conjunto de camadas expressas em termos de visibilidade, conforme mostra a Figura 1.1. Para os autores, as duas primeiras camadas são as mais visíveis e representam as singularidades da cultura de uma organização quando expressam as demais camadas.

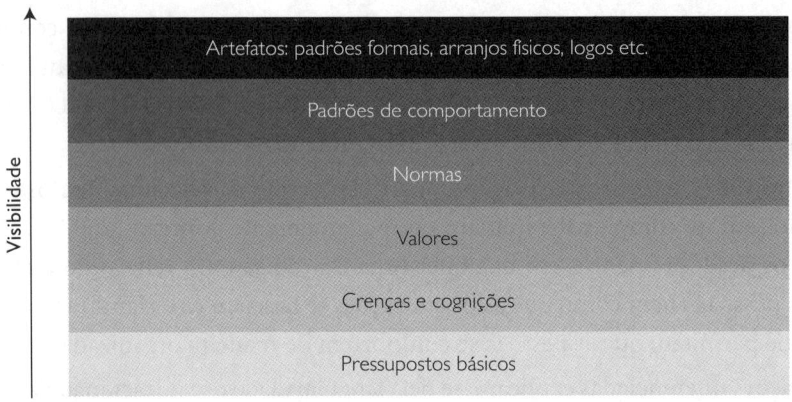

FONTE: Adaptada de Harrison; Shirom (1999).

FIGURA 1.1 Camadas da cultura organizacional

De acordo com uma visão de integração, a cultura organizacional consiste no compartilhamento e consistência entre as diferentes camadas da cultura organizacional (Figura 1.1). Assim, a vida de uma estrutura social é, portanto, um processo dinâmico, complexo, circular e não linear, que nasce do convívio social, modifica-o e é modificado por ele.

Para Morgan (2007), o conceito de cultura está intimamente ligado aos diferentes modos de vida de distintos grupos de pessoas. A "cultura" de um grupo agrega elementos que levam a uma estabilidade estrutural do grupo. Encontra-se disseminada para além das pessoas, em um estágio de conceito estável e profundo (menos consciente, tangível e visível).

Assim, o termo cultura auxilia a designação de um determinado modo de perceber a realidade que cerca pessoas com características semelhantes. Esta cultura está no sistema de transmissão e aquisição de conhecimento, valores compartilhados, leis, ritos e uma série de manifestações que assumem as mais variadas formas. O conceito de cultura deve remeter à necessidade humana de estabilidade, consistência e significado. Ao unir ambos os termos, cultura e organização, falamos, então, da cultura encontrada nas organizações.

De acordo com Srour (1998), as organizações existem baseadas nas relações que seus agentes participantes guardam entre si e nas relações externas existentes com outras organizações. Essas relações evidenciam aspectos das coletividades que as geraram, e não estão somente ligadas às relações de produção. As organizações têm um ritmo próprio, uma dinâmica muito particular, a qual pode ser entendida como decorrente da cultura organizacional vigente.

Schein (2004, p. 17) apresenta a cultura organizacional como o

> conjunto de pressupostos básicos – inventados, descobertos ou desenvolvidos por um determinado grupo ao aprender sobre como lidar com problemas de adaptação externa e integração interna – que funcionaram bem o suficiente para serem considerados válidos e ensinados para novos membros como a forma correta de perceber, pensar e sentir em relação a esses problemas.

A criação da realidade social estudada por Morgan (2007, p. 136) coloca em destaque a compreensão da cultura organizacional. O autor enfatiza suas convicções afirmando que a metáfora das organizações como culturas "ajuda a repensar quase todos os aspectos do funcionamento corporativo, inclusive a estratégia, a estrutura e a natureza da liderança e da administração".

A influência que a cultura organizacional exerce sobre os resultados e processos das empresas tem sido objeto de estudo de diversos pesquisadores ao longo das últimas décadas. Resulta do aprendizado conjunto que é acumulado pelos seus integrantes, em um aspecto comportamental, emocional e cognitivo. Nas palavras de Srour (1998, p. 107), "a cultura impregna todas as práticas e constitui um conjunto preciso de sistema coerente de significações e funciona como um cimento que procura unir todos os membros em torno dos mesmos objetivos e dos mesmos modos de agir".

1.3.4 ORGANISMO VIVO: CONTEXTUALIZADO, SISTÊMICO E COMPLEXO

Morgan (2007), valendo-se de uma série de metáforas para abordar e investigar as organizações, expõe que, do mesmo modo que os organismos vivos são encontrados na natureza, é possível conceber as organizações como conjunto de subsistemas em constante interação. Segundo o autor, há três implicações práticas advindas da adoção de tal forma de enxergar as organizações:

1 – a teoria dos sistemas enfatiza a importância do ambiente em que as organizações existem, o que alerta os gestores a observarem constantemente as mudanças

nos ambientes em que suas organizações estão inseridas, bem como possibilita a geração de respostas operacionais e estratégicas mais adequadas;

2 – as organizações são vistas como conjuntos de subsistemas inter-relacionados;

3 – a abordagem dos sistemas abertos encoraja-nos a estabelecer congruências ou alinhamentos entre diferentes sistemas e subsistemas, bem como identificar e eliminar eventuais disfunções.

Caso as organizações fossem sistemas lógicos e racionais, por certo desejariam incrementar sistematicamente seus resultados. Mas quais resultados? A organização não é um sistema lógico, mas, sim, social, de muitas razões, emoções e culturas (GHARAJEDAGHI, 1999). Em qualquer empreendimento humano, portanto, a força propulsora são as pessoas, ou seja, são as ações criativas das pessoas, conforme anteriormente visto, que produzem e dão sentido às organizações em todos os seus aspectos.

Segundo Vicente (1999), a junção dos sistemas técnicos (ou lógicos) com os sistemas sociais pode ser expressa em termos do que se denomina sistema sociotécnico. Para o autor, esses são sistemas cujo cerne sustenta-se em sistemas técnicos, mas são influenciados pelas pessoas e pelo ecossistema em que se inserem. O autor propõe quatro camadas em um sistema sociotécnico, conforme apresentado na Figura 1.2.

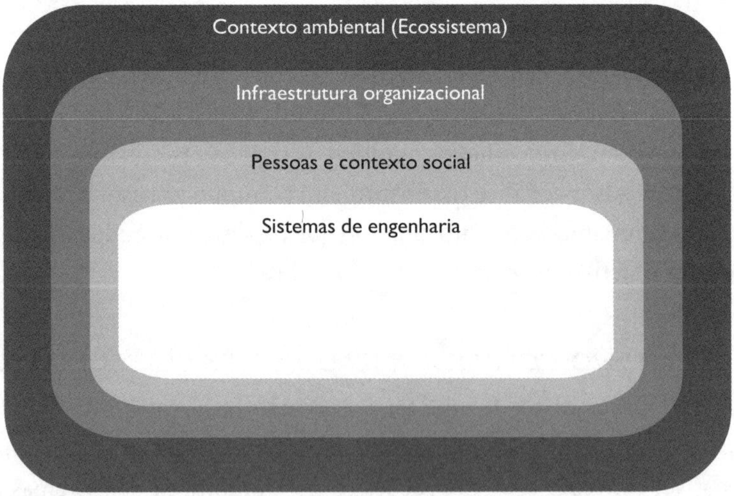

Fonte: Adaptada de Vicente (1999).

FIGURA 1.2 Representação de um sistema sociotécnico

Os sistemas sociotécnicos são abertos e complexos por natureza. Aqui, podemos explorar dois conceitos importantes em nossa jornada.

1.3.4.1 SISTEMAS COMPLEXOS

Por compreender que boa parte das tecnologias modernas nem sempre são dispostas em um processo produtivo de maneira linear, Perrow (1999), então, alerta para a existência de sistemas de interações complexas. Esses sistemas são caracterizados pela ampla quantidade de componentes – muitos deles com funcionalidades distintas – relacionando-se concomitantemente. Muitos desses relacionamentos não foram intencionalmente projetados, bem como são pouco compreendidos pelos responsáveis por tomar decisões.

O Quadro 1.2 apresenta o resumo das características que, segundo Perrow (1999, p. 88), podem ser verificadas em sistemas de interações lineares e complexas.

Sistemas complexos	Sistemas lineares
Equipamentos confinados em espaços pequenos	Equipamentos espacialmente espalhados
Etapas produtivas próximas umas das outras	Etapas produtivas espacialmente espalhadas
Muitas conexões entre componentes (partes, unidades, ou subsistemas) que não pertencem a um mesmo processo produtivo	Poucas conexões entre componentes que não pertencem a um mesmo processo produtivo
Difícil identificação e isolamento de componentes com falhas	Fácil identificação e isolamento de componentes com defeito
Presença de muitos profissionais especializados	Presença de muitos profissionais generalistas
Materiais e suprimentos específicos suportando o processo produtivo	Materiais e suprimentos facilmente substituíveis
Ciclos de *feedback* pouco compreendidos/não familiares	Ciclos de *feedback* compreendidos/familiares
Muita interação entre os parâmetros de controle	Parâmetros de controle em pequena quantidade, diretos, segregados
Fontes de informação indiretas e inferenciais	Fontes de informação diretas
Compreensão limitada de alguns processos	Compreensão completa de todos os processos

FONTE: Perrow (1999, p. 88).

QUADRO 1.2 Sistemas complexos x lineares

Perrow (1999, p. 78) sintetiza sua explicação sobre linearidade e complexidade afirmando que "interações lineares são aquelas interações familiares e esperadas, presentes em etapas de produção ou manutenção, que são bastante visíveis, mesmo que não planejadas", enquanto "interações complexas são aquelas de etapas não familiares, ou não planejadas e inesperadas, que não são visíveis ou não imediatamente compreensíveis".

Para tratar da complexidade do real, podemos nos valer dos aconselhamentos de Morin (1990), que sugere novos conceitos e instrumentos teóricos para substituir o paradigma das orientações lineares ou cartesianas. Não se trata de abandonar, mas, sim, de integrar a lógica clássica, tendo simultaneamente em conta seus limites. Morin distingue o racionalismo – que reduz tudo à lógica linear e à objetividade – da racionalidade, que é a razão que se deixa permear pelos sentimentos, emoções e subjetividade.

Poderíamos utilizar uma interessante figura de linguagem apresentada por Mariotti (2007) para ajudar a entender a importância do pensamento complexo, sem provocar o receio com o aumento da complicação. Para explicar a diferença entre complexidade e complicação, imaginemos um novelo de lã entregue a um gato e um tecelão (Figura 1.3). O gato irá produzir um emaranhado desordenado e caótico, cujo uso ou correção são altamente complicados. O tecelão produzirá um tapete, uma trama ordenada de nós, construído por meio de método, alcançando complexidade com funcionalidade e beleza.

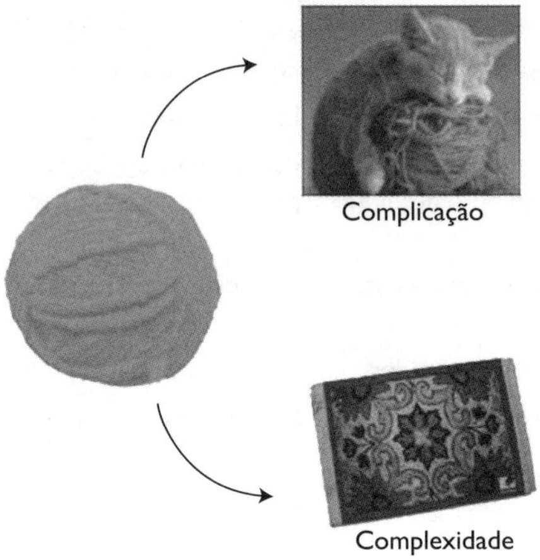

FONTE: Elaborada pelos autores.

FIGURA 1.3 Complexidade x Complicação

Segundo Mariotti (2007), a influência do Pensamento Complexo nos gestores da organização inicia-se com Arie de Geus e Peter Schwartz, quando a Shell convida Francisco Varella para uma apresentação em suas dependências. Para o autor, existem operadores cognitivos que facilitam a compreensão e a prática do Pensamento Complexo:

- **Circularidade** – "Os efeitos retroagem sobre as causas e as realimentam" (MARIOTTI, 2007, p. 140). Ela traduz a capacidade de um sistema para manter-se em equilíbrio diante das variações do meio. Permite comparar constantemente os resultados de uma ação com um modelo preestabelecido, ou seja, com um estado inicial. Mudanças nos indivíduos mudam a sociedade e a cultura. O inverso também é verdadeiro.
- **Autoprodução/autorregulação** – "Os seres vivos produzem, eles próprios, os elementos que os constituem e se auto-organizam por meio desse processo"

(MARIOTTI, 2007, p. 144). O indivíduo depende da sociedade, mas ela também depende do indivíduo. As empresas dependem do mercado, mas este, por sua vez, depende igualmente das empresas. Um excesso de desordem (falta de regulamentos, indicadores, regras etc.) resultará em baixa produtividade das organizações e em má qualidade de vida para as pessoas. No entanto, um excesso de ordem, de regras rígidas e o cerceamento das liberdades resultarão em baixa criatividade, pouca produtividade e, por fim, levarão à implosão do sistema. Cada instituição depende das outras instituições de seu ambiente social e físico – e vice-versa.

- **Dialógica** – "Há contradições que não podem ser resolvidas. Isso significa que existem opostos que são ao mesmo tempo antagônicos e complementares" (MARIOTTI, 2007, p. 150). Toda ideia é uma tese, que provoca o surgimento de outra que lhe é oposta – uma antítese. Do embate entre as duas surge a síntese, que é a resolução da contradição. É óbvio que não se quer dizer que os conflitos não precisam ser resolvidos. Ao contrário, é justo e necessário solucionar os que podem ser solucionados e isso deve ser feito sem demora. O que não é justo nem necessário é, sob o pretexto de resolver todos os conflitos, reprimir também a conflituosidade criativa.
- **Hologramática** – "As partes estão no todo, e o todo também está nas partes" (MARIOTTI, 2007, p. 154). Nesse operador, considere que: (a) o todo pode ser superior à soma das partes; (b) o todo pode ser inferior à soma das partes; (c) o conhecimento de qualquer organização física exige o conhecimento das integrações dessa organização com o seu meio ambiente.
- **Interação sujeito-objeto** – "O observador faz parte daquilo que observa" (MARIOTTI, 2007, p. 158). Para que nossa observação fosse sempre objetiva, seria preciso que estivéssemos sempre separados daquilo que observamos.
- **Ecologia da ação** – "As ações frequentemente escapam ao controle de seus autores e produzem efeitos inesperados e às vezes até opostos aos esperados" (MARIOTTI, 2007, p. 161). A experiência mostra que, uma vez desencadeadas, nossas ações e ideias passam a fazer parte da instabilidade, da incerteza e da imprevisibilidade do ambiente natural e cultural.

1.3.4.2 SISTEMAS ABERTOS

Como descrito anteriormente, os sistemas abertos se caracterizam pela interação com o seu ecossistema, sofrendo deles interferências que provocam distúrbios ou mudanças. De acordo com as perspectivas de um sistema aberto (ver Figura 1.4), uma organização pode ser vista como um sistema que recebe estímulos de seu ambiente, processando-os e produzindo saídas.

Segundo Harrison e Shirom (1999), modelos de referência baseados em uma abordagem de sistema aberto são mais úteis para o diagnóstico. Os autores destacam três contribuições para o uso dos sistemas abertos:

- possibilitam melhor "adaptabilidade" para cada organização em termos de tamanho, complexidade, propósito e contexto organizacional;
- permitem uma visão holística da organização, examinando todo o ecossistema da organização;
- podem auxiliar o entendimento da complexidade do desempenho organizacional.

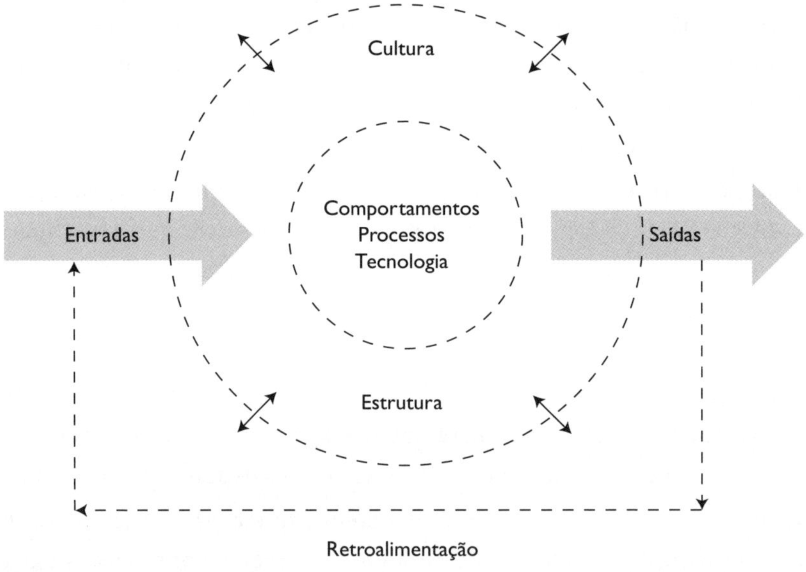

FONTE: Harrison; Shirom (1999).

FIGURA 1.4 Estrutura de um sistema aberto

A utilização de estruturas de sistemas abertos torna-se então fundamental quando se deseja identificar as forças e fraquezas considerando também as interações da organização com seu ecossistema. Harrison e Shirom (1999) ressaltam a importância dos sistemas abertos na construção do ajuste organizacional, favorecendo a consistência e o alinhamento entre os elementos internos da organização e o seu ambiente externo. Vamos retornar a essa discussão nos Capítulos IV e VII.

1.3.5 ORGANISMO VIVO: SERES QUE APRENDEM

Segundo Garvin (2004), uma organização que aprende deve estar habilitada à transferência de conhecimento rápida e eficiente por meio da estruturação; experimentação de novas abordagens; solução sistêmica de problemas; aprendizado pela própria experiência; e aprendizado pela experiência e melhores práticas de outros. Além disso, deve possuir (e criar) sistemas e processos que suportem tais atividades; ter pessoas e operações integradas por esses sistemas e processos; e gerenciar efetivamente essas atividades.

Esse ponto corrobora a proposta geral de uma "organização que aprende", de Senge (1990), que divide esse método em cinco disciplinas, a saber:

1 – Pensamento sistêmico – a capacidade de enxergar o mundo por meio de variáveis interdependentes, e não como um somatório linear de partes independentes.

2 – Domínio pessoal – a capacidade de os indivíduos sustentarem uma ética de propósito, ou seja, uma fidelidade sincera às suas próprias aspirações e à capacidade de gerenciar sua "tensão criativa", vista como a energia criativa que, dada a realidade vigente, impulsiona em direção ao alcance dessas aspirações.

3 – Modelos mentais – a capacidade de questionar e modificar as crenças mais profundamente arraigadas sobre como as coisas funcionam ou, posto de outra forma, a visão de mundo.

4 – Objetivo comum – a capacidade de articular os objetivos pessoais com a função essencial da organização e, para tal, desenvolver um ambiente sociocultural que estimule a emergência de objetivos compartilhados capazes de fazer essa conexão.

5 – Aprendizagem em grupo – capacidade de operar coletivamente, canalizando o potencial de múltiplas mentes de modo que a inteligência em conjunto seja maior que o somatório das individuais.

Além disso, o conceito de organização que aprende foi desenvolvido em torno da hipótese de que as empresas sempre estão passando por um rápido período de mudanças (sejam eles quais forem), e os gestores devem esperar o inesperado. De fato, nas empresas que aprendem, os gestores recebem de bom grado os acontecimentos inesperados, pois os vêm como oportunidades, e não como problemas. Em vez de estáticas e rigidamente hierárquicas, as organizações que aprendem são flexíveis e com menos níveis hierárquicos, em que as decisões estão descentralizadas. Essa estrutura dá condições aos gestores para melhor liderar a mudança, em vez de apenas reagir a esta.

Também faz parte das empresas que aprendem o olhar de forma sistêmica, principalmente dos gestores, uma vez que as mudanças nunca acontecem de forma isolada.

Em outras palavras, deve ser entendido como característica do aprendizado a visão mais abrangente, buscando de fato identificar o ecossistema em que a empresa está inserida.

1.3.6 CENÁRIO ATUAL DAS ORGANIZAÇÕES

Agora que já nos familiarizamos com a natureza das organizações, podemos concluir a introdução à nossa jornada com as questões atuais que se colocam a esse organismo vivo, socialmente construído e intrinsecamente complexo.

Ouvimos em diversas mídias menções ao cenário contemporâneo sob o título de a Terceira Revolução Industrial, a Nova Economia, Era da Informação ou Sociedade do Conhecimento. Seja qual for a designação adotada, há consenso a respeito do fato de que a velocidade dos avanços tecnológicos e a globalização têm proporcionado impactos significativos no funcionamento das organizações.

A inovação, como prescrito por Schumpeter (1942 apud PENROSE, 1995, p. xiv) e seus seguidores, é, enfim, a mola-mestra da economia capitalista: "Sua 'destruição criativa' e 'revoluções constantes' são o resultado de um processo que incessantemente revoluciona a estrutura econômica de dentro para fora, incessantemente destruindo a velha, incessantemente criando uma nova". Pode-se dizer que, em maior ou menor grau, as organizações contemporâneas precisam lidar com cada vez maiores e mais frequentes necessidades de inovação.

Drucker (2002) acrescenta a essa visão que o principal desafio das organizações no século XXI é a gestão. Nesse paradigma, estariam inseridas no escopo da gestão das organizações principalmente as atividades de tomada de decisão e inovação, já que as demais atividades transacionais encontrar-se-ão cada vez mais automatizadas.

De acordo com esse contexto, as organizações passaram a viver em um ambiente de competição mais acirrada e no qual a conquista do mercado consumidor torna-se uma questão de sobrevivência. Soma-se a isso a necessidade de desenvolvimento de pessoal, inovação frequente e intensa comunicação; além de tornar o tempo escasso. Duas formulações foram definidas por Vollmann (1996) e reproduzem com propriedade as situações impostas às organizações:

- Para onde as organizações devem direcionar-se para conseguir o domínio do mercado?
- Como se manter na direção correta em um mundo em constante mudança?

Evoluindo nessa discussão, a excelência da gestão deveria nortear-se também por aspectos culturais, sociais e ambientais, questionando a visão mercantilista de relacionamento com sociedade e os mercados.

Dessa forma, o propósito maior de uma organização é a sua própria sobrevivência e perenidade, o qual deve ser perseguido com base em ética que contemple de forma harmônica a preocupação com a preservação do planeta, o desenvolvimento da sociedade e o respeito ao indivíduo. Para nós, esse novo olhar parte dos seguintes pressupostos:

- **Visão sistêmica** – "Tudo está interligado a tudo".
- **Sociedade** – O mundo é fragmentado e caótico, no qual coexistem múltiplas realidades. A sociedade é plural. Há uma diversidade de interesses que podem ser compatibilizados ainda que com fraco compartilhamento de crenças e valores. A complexidade é crescente. Há uma variedade de sistemas e muitas interações. As mudanças são constantes, e o ambiente, turbulento.
- **Meio ambiente** – As organizações influenciam o equilíbrio do planeta pelo simples fato de existirem. É necessário neutralizar os danos causados ao ecossistema e proteger o meio ambiente, visando atender aos interesses das gerações futuras.
- **Organização** – As organizações são sistemas sociais abertos e dinâmicos operando em redes. A identificação dessas redes e a atuação integradora facilitam a adaptação ao seu ecossistema. As organizações têm um papel preponderantemente social. É necessário considerar o desenvolvimento socioeconômico em toda sua cadeia de valor. Além disso, as organizações são singulares e constituem sistemas complexos. Assim, é fundamental uma visão transdisciplinar para explorar essa complexidade.
- **Gestão** – Visa desenvolver a capacidade da organização de se adaptar a um mundo em transformação. Nesse sentido, deve buscar o equilíbrio entre: o qualitativo e o quantitativo; o objetivo e o subjetivo; os estilos racional e analítico com os estilos intuitivo e orgânico baseados na empatia; a competição e a colaboração.
- **Indivíduo** – A realidade pode ser interpretada de múltiplas maneiras. O entendimento individual deve ser valorizado e respeitado. As organizações são constituídas por pessoas. O humano compreende o biológico, o mental e o espiritual. Há que se dar importância à cultura, ao significado e ao simbólico. As organizações escolhem caminhos e se comportam sob influência preponderante de seus líderes. Os seus valores pessoais influenciam nas decisões.

1.3.6.1 OS "EMPACOTAMENTOS": PROPÓSITOS E PERSPECTIVAS

No âmbito desse complexo cenário, ocorreu o fortalecimento da construção de "empacotamentos", cujo objetivo era proporcionar orientações "em larga escala" sobre os principais conceitos, métodos e ferramentas da gestão necessários à competitividade no novo mundo. Esses "empacotamentos" difundiram-se amplamente no final da década de 1970 e na década de 1980 (ISO 9000, MBNQA, COSO, Itil e CMM), conforme apresentado no item 1.3, tornando-se utilizados e referenciados em larga escala pelas organizações para construção de suas soluções específicas e nas relações comerciais.

Entre os "empacotamentos" definidos, certamente as normas ISO 9000 foram o mais clássico caso de universalidade dessas referências e que apresentam atualmente centenas de milhares de certificações no mundo. Segundo as informações do Inmetro (2009), existem hoje no Brasil 9.025 certificações ISO 9001:2000 e 305 certificações ISO 9001:2008. No mundo, conforme os dados publicados pelo Inmetro, atualizados até 2006, existem 887.256 certificações. Esses números expressam a relevância das normas ISO 9000 como o modelo de referência à gestão mais adotado do mundo e, certamente, como o grande disseminador da importância e aplicabilidade de outros modelos de referência.

Não somente a ISO série 9000 vem sendo maciçamente utilizada, a ISO série 14000, cujo objetivo refere-se à gestão dos aspectos ambientais dentro da organização, possui 502 certificações válidas no Brasil e 130.038 – até 2006 – no mundo (INMETRO, 2009).

O Malcolm Baldrige National Quality Award (MBNQA) é outra relevante referência à gestão. Segundo Ford e Evans (2000, p. 8), "tornou-se um mecanismo para auxiliar as organizações a melhorar sua competitividade por meio da busca constante no aumento de valor para os clientes, da melhoria do desempenho e da capacitação global da organização". Essa referência, bem como similares definidas por outras nações, já alcançou atualmente mais de 75 prêmios nacionais e internacionais da excelência da gestão, envolvendo mais de 100 países (GLOBAL EXCELLENCE MODEL, 2004). No Brasil, o Prêmio Nacional da Qualidade® (PNQ), com 17 anos de existência, já consagrou 31 premiadas em mais de 450 avaliações formais, tendo uma distribuição de mais de 500 mil exemplares dos Critérios de Excelência (documento que contém o modelo de referência à gestão e os respectivos requisitos), sendo treinadas mais de 17.000 pessoas (FNQ, 2009).

Mesmo com o sucesso da aplicação dessas referências, algumas questões vêm emergindo em fóruns internacionais que abordam a excelência na gestão. No Global Excellence Model Meeting (GEM Meeting), surgiram relevantes questionamentos que, como testemunhas oculares, trazemos para você:

- Essas referências são realmente aplicáveis para todos os tipos de organizações?
- Dependendo da cultura da organização, a leitura, a aplicação e os entendimentos seriam os mesmos?

- Organizações como Google, Apple, 3M, entre outras, com foco muito forte na inovação, no desenvolvimento tecnológico e com grande sucesso empresarial atenderiam aos requisitos das principais referências à gestão?
- Atualmente, o tema inovação tem sido colocado como grande diferencial competitivo para as organizações, mas o que vem depois da inovação?

1.4 PLANO DE VOO

Para facilitar a sua compreensão, apresentamos aqui o nosso "plano de voo". Os conteúdos dos capítulos serão descritos de forma resumida para que você crie uma visão geral do livro. A Figura 1.5 destaca os principais objetos que trataremos, do mais conceitual ao mais concreto.

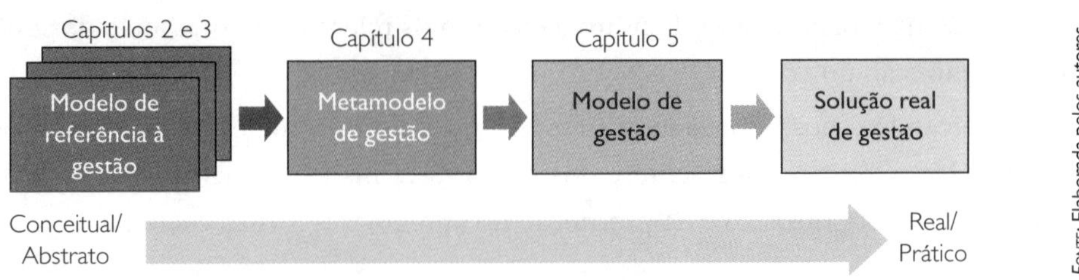

FIGURA 1.5 Da referência à realidade, uma proposta de modelagem da gestão

Começando pelos modelos mais abstratos, no Capítulo 2 exploraremos os modelos de referência. Sejam eles de requisitos (questionando o que é feito para um conjunto de problemas de gestão) ou de solução (prescrevendo como deve ser tratado aquele conjunto de problemas de gestão), orientam as organizações na forma como elas devem se gerir.

Esses referenciais conceituais podem ser informativos para a gestão da organização como um todo ou restritos a aspectos de gestão específicos. Nesse contexto, articulam as principais questões organizacionais, suportando os tomadores de decisão com uma lógica referenciada.

Assim, no Capítulo 2 oferecemos com mais detalhe esses e outros conceitos acerca dos modelos de referência. Na sequência, o Capítulo 3 traz para você uma breve descrição dos principais modelos de referência à gestão.

Apresentados aos conceitos e a alguns dos referenciais, passaremos, no Capítulo 4, para a aplicação desse conjunto de "empacotamentos". Como veremos, a partir das orientações organizacionais colocadas pelos múltiplos modelos de referência, pode ser concebido um metamodelo de gestão. Este irá configurar-se como um referencial conceitual, que articula um conjunto de referenciais conceituais pertinentes para determinada organização.

Prosseguindo, discutiremos, no Capítulo 5, como o metamodelo pode ser convertido, contemplando as particularidades da organização específica, no modelo de gestão. Este último trata-se de representações parciais da realidade que descrevem como se conformam os elementos de gestão, explicitando as interconexões lógicas entre eles para uma dada organização. Esse modelo é configurado por um conjunto de práticas de gestão reconhecidas formalmente pelas organizações, enunciadas em manuais, figuras, procedimentos etc.

O modelo de gestão será materializado em meio às peculiaridades e características exclusivas de uma dada organização. Essa aproximação ainda maior do nosso olhar sobre a organização real configura a solução real de gestão. É essa "identidade" de cada organização que torna, apesar de usarem os mesmos referenciais, o modelo de gestão de cada organização único.

Encerrando a nossa jornada, traremos, no Capítulo 6, alguns usos específicos dos modelos. Nesse sentido, apresentaremos como esses instrumentos podem ser valiosos na avaliação da organização e na promoção do aprendizado organizacional.

CAPÍTULO 2

MODELOS DE REFERÊNCIA

2.1 DEFININDO GESTÃO

Já conhecemos as organizações e vimos parte das soluções que vêm sendo desenvolvidas. Mas, afinal, o que é gestão? Será que podemos resumi-la ao conjunto de atividades realizadas pelos gerentes? Nesse caso, quem são os gerentes da organização? O que caracteriza o ato de gerir? Ele está limitado à posição hierárquica? Esclareceremos esses conceitos nesta seção do livro para que possamos prosseguir nossa jornada, compreendendo o objeto dos modelos de referência à gestão.

Tradicionalmente, o gerente é entendido como uma pessoa à qual as outras se reportam. Por essa concepção, podemos observar quem são os gerentes a partir do organograma, ou seja, das relações hierárquicas formais da organização.

Para Drucker (1972, p. 1),

> qualquer trabalhador com conhecimentos, nas organizações modernas, é um gerente se, em virtude de sua posição e desse conhecimento, for responsável por uma contribuição que afeta, materialmente, a capacidade da organização de trabalhar e de obter resultados.

O autor prossegue argumentando que, atualmente, muitas pessoas que não possuem o cargo de gerente estão também se tornando gerentes. Na concepção proposta por Drucker (1972), "gerentes" são aqueles de quem se esperam, em virtude de sua posição ou seu conhecimento, no decorrer normal de seu trabalho, decisões que tenham impacto significativo no desempenho e nos resultados de conjunto.

A partir dessa definição, os gerentes constituem uma proporção muito maior do que indica o organograma de qualquer organização. Segundo Noel (1989), os gerentes têm "ocupações" e "preocupações". As ocupações são descritas pelos papéis. Já as preocupações são definidas pela estrutura do trabalho, apresentada por Mintzberg et al. (2003) como a postura mental assumida pelo gerente e o objetivo associado ao desempenhar as funções.

Inspirados pela abordagem da qualidade, muitos autores apresentam a gestão como um processo circular, composto principalmente por planejamento, acompanhamento (ou monitoramento), controle, avaliação e reprogramação.

Retomando a concepção de Drucker (1972, p. 1), "espera-se que o gerente faça com que as coisas sejam feitas. Em outras palavras, espera-se que ele seja eficaz. [...] Trabalhar nas coisas certas é que torna o trabalho intelectual eficaz".

Nessa ótica, a gestão refere-se ao funcionamento concreto das organizações, ao conjunto de pessoas com seus respectivos papéis e atribuições, inseridas em uma cultura que dá vida à organização rumo ao alcance de seus objetivos.

Sintetizando as definições anteriormente expostas, podemos considerar a gestão como: "O conjunto das atividades desempenhadas de planejar, controlar, medir, negociar, melhorar etc., que permeia a produção eficaz dos produtos/serviços".

Cabe reforçar que a gestão vai além da realização de determinado "tipo" de atividade (BARNARD, 1948), ela incorpora políticas, cultura e, no limite, até a psique dos indivíduos que a constituem (KATZ; KAHN, 1975).

Agora que esclarecemos o que se entende por gestão, podemos passar para os modelos que organizam os elementos de preocupação e ocupação dos gestores. Assim, prosseguimos nossa jornada apresentando modelos que podem auxiliar a organização, na figura de seus gestores, para identificar quais são os elementos certos a serem trabalhados e a orientá-los como fazer.

2.2 CONCEITUANDO MODELO

De forma resumida, vamos apresentar alguns conceitos para facilitar o entendimento dos modelos de referência à gestão. Apesar de muito referenciados em diferentes trabalhos nas ciências de gestão, alguns termos como modelos, mapas e *frameworks* não apresentam uma uniformidade em sua definição, o que é mais dificultado pelo uso desses termos em disciplinas muito diversas, com diferentes propósitos e estilos de apresentação (SHEHABUDDEEN et al., 1999).

Neste trabalho, buscou-se basear os resultados e as terminologias utilizadas no modelo proposto por Shehabuddeen et al. (1999), no qual os autores classificam as diferentes representações e abordagens gerenciais segundo duas dimensões: aplicado-conceitual e estática-dinâmica, conforme definido a seguir:

- Conceitual – relacionado ao entendimento ou abstração de uma situação.
- Aplicado – diz respeito a uma ação concreta em um ambiente prático.
- Estático – associado à estrutura e ao posicionamento dos elementos em um sistema.
- Dinâmico – relacionado às relações causais e interações entre os elementos de um sistema.

Os autores fazem ainda uma distinção, ao definir representações gerenciais como formas de desenhar e descrever questões ou problemas de gestão, e abordagens gerenciais como formas de implementar os conceitos contidos nas representações. Com base nessa estrutura, é possível classificar os principais termos utilizados para denominar as representações gerenciais.

Sistema pode ser definido como (SHEHABUDDEEN et al., 1999, p. 8): "um conjunto delimitado de elementos inter-relacionados com propriedades emergentes e representado no contexto de um paradigma".

Já um "*framework* suporta o entendimento e a comunicação da estrutura e relacionamento de um sistema, para um propósito definido" (SHEHABUDDEEN et al., 1999, p. 9).

Ainda segundo Shehabuddeen et al. (1999, p. 10), "os *frameworks* vêm sendo muito utilizados nas disciplinas de gestão, como uma forma de traduzir problemas complexos em formatos mais simples e analisáveis". Nesse contexto, são constantemente aplicados para:

- comunicar ideias ou descobertas para comunidades maiores;
- realizar comparações entre diferentes situações e abordagens;
- definir o escopo ou fronteira de uma determinada situação;
- descrever o contexto ou argumentar a validade de uma descoberta;
- suportar o desenvolvimento de procedimentos, técnicas, métodos e ferramentas.

Um modelo, por sua vez, "suporta o entendimento da dinâmica de interações entre os elementos de um sistema" (SHEHABUDDEEN et al., 1999, p. 4).

Para os autores, um modelo, assim como um *framework*, é utilizado para representar, mas apenas o primeiro possui características dinâmicas, permitindo prever o impacto que uma mudança em uma variável trará ao sistema. Dessa forma, podemos perceber que as características de um modelo são parte das características de um *framework*, sem que o inverso seja verdadeiro.

2.3 DEFININDO MODELOS DE REFERÊNCIA

Como apresentado no Capítulo 1, os problemas enfrentados pelas organizações na competição moderna foram, em um primeiro momento, apoiados por "empacotamentos" de orientações e requisitos, que a partir deste momento denominaremos modelos de referência à gestão. Segundo nossas experiências, podemos afirmar que as discussões com os gestores foram muitas vezes dificultadas pela falta de uniformidade sobre o que seria o produto da modelagem de um conjunto de requisitos ou orientações dispostos em normas, prêmios de gestão e outras referências à gestão, que utilizávamos frequentemente em nossos projetos.

É fundamental a necessidade de superarmos esse problema de polissemia e continuarmos a jornada na discussão sobre a excelência na gestão. Para tal, é preciso estabelecer um consenso sobre a definição de modelo de referência à gestão, algo amplamente utilizado, mas denominado e entendido de formas distintas.

Neste livro, após diversos artigos acadêmicos produzidos para o tema, esperamos apresentar uma definição capaz de universalizar o que venha a ser esse conjunto de requisitos e orientações utilizados pelas organizações como referência à sua forma de gestão.

Vamos iniciar a discussão com a referência aos trabalhos realizados por Fettke e Loos (2007), que iniciam seus estudos com uma extensa pesquisa, a qual levou a destacar a problemática conceitual da utilização do termo modelo de referência. No entanto, pesquisa realizada pelos autores em bibliotecas alemãs apontou o crescente número de publicações sobre o assunto nos últimos 16 anos.

Baseado nas indicações de Fettke e Loos (2007) e em continuidade às pesquisas de Cardoso (2008), Smarçaro (2009) atualizou o quadro de publicações sobre modelos de referência. Da Figura 2.1 podemos observar a relevância que o termo, praticamente não utilizado antes de 1990, vem adquirindo nos últimos anos.

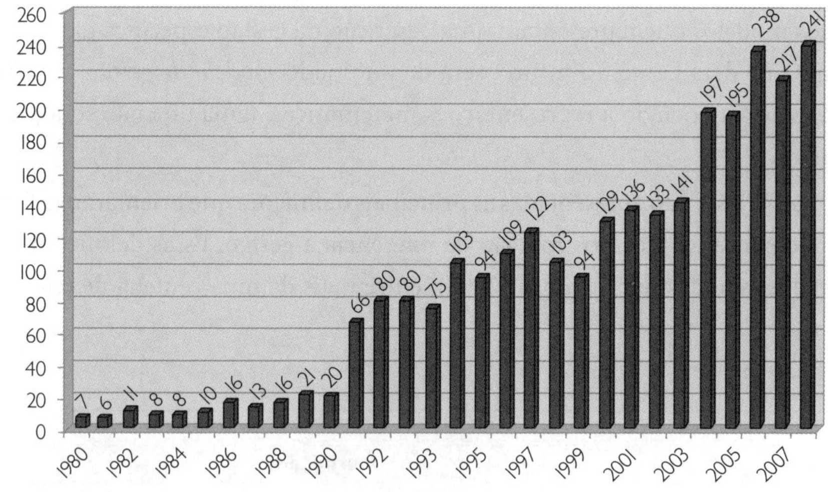

FIGURA 2.1 Número de publicações sobre modelo de referência

FONTE: Smarçaro (2009).

A despeito da popularidade do termo modelo de referência, tanto na academia quanto na prática, ele é constantemente utilizado para designar objetos diferentes, entre outros, para referenciar declarações teóricas, arquiteturas técnicas padronizadas ou documentações de sistemas empresariais (FETTKE; LOOS, 2007).

As pesquisas de Smarçaro (2009) também indicaram uma vasta aplicação do termo modelo de referência nas diferentes áreas de conhecimento, principalmente em Engenharia, Ciência da Computação, Instrumentação, Automação, Comunicação, Matemática e Robótica. Essa variedade de utilizações reforça a necessidade de consolidarmos uma definição e um recorte ao assunto.

Quanto ao recorte, faremo-lo em relação ao objeto de interesse: a gestão organizacional. A partir daqui, usaremos, então, a denominação de modelo de referência à gestão, a qual será construída pela combinação de importantes definições e conceitos apresentados por renomados autores.

Anderson et al. (1991 apud SHEHABUDDEEN et al., 1999) estabelecem que modelos são representações reais de objetos ou situações, e podem ser apresentados de várias formas. Eles categorizam os modelos em três tipos: (a) modelos que não apresentam a mesma aparência física com o objeto modelado, mas, sim, uma analogia; (b) modelos que representam réplicas de objetos reais; (c) modelos que representam problemas de um sistema por meio de símbolos ou representações matemáticas.

Considerando o escopo deste livro, o primeiro tipo corresponde aos modelos que apresentam uma analogia a uma proposta para a gestão das organizações e será denominado *modelo de referência à gestão*. O segundo tipo definido pelos autores relaciona-se aos modelos que representam uma descrição da gestão específica da organização e, conforme detalhamento futuro, será denominado *modelo de gestão*. Por fim, o terceiro tipo está associado a representações matemáticas, tema que não será discutido neste livro.

No Quadro 2.1 estão apresentadas as principais definições que orientaram a formulação do que conceituamos por modelo de referência à gestão. Essas definições foram inicialmente levantadas por Cardoso (2008), entre mais de uma centena de referências levantadas.

Autor	Definição
Vernadat (1996)	Modelo padronizado, que seja reconhecido e aprovado por todas as partes interessadas e que possa ser usado como base para o desenvolvimento ou avaliação de outros modelos específicos.
Shehabuddeen et al. (1999)	Estrutura de entendimento e comunicação dentro de um sistema para um propósito definido.
Zilbovicius (1999)	Opera como prescrição para os agentes que tomam decisões a respeito de práticas a serem empregadas no campo da organização da produção.
Van der Aalst et al. (2005)	Um modelo de referência provê uma solução genérica que precisa ser configurada a fim de ser utilizada em uma situação específica.
Schelp e Winter (2006)	Modelos de referência são modelos conceituais genéricos que podem ser utilizados como uma figura de referência de certo domínio. Eles descrevem estrutura de processos ou informações válidas para um determinado conjunto de empresas.
Recker et al. (2007)	Modelo conceitual genérico que formaliza práticas recomendadas para certo domínio e objetiva facilitar o projeto de modelos específicos de uma organização por meio da apresentação de uma solução genérica.
Von Brocke (2007)	Modelo de informação que as pessoas desenvolvem ou utilizam para suportar a construção de modelos de aplicação, os quais são utilizados no projeto de outros modelos ou na criação de aplicações específicas de uma organização.
Fettke e Loss (2007)	Representa formatos reutilizáveis de regras organizacionais, processos ou tecnologias. São modelos que estruturam e guiam a criação dos modelos específicos da organização.
Rosemann e Van Der Aalst (2007)	É uma fotografia de recomendadas práticas e, dessa forma, uma fonte de processos de negócio utilizáveis e eficientes nos quais as organizações podem modelar os dela própria.

FONTE: Cardoso (2008).

QUADRO 2.1 Definições utilizadas para construir a definição de modelo de referência à gestão

A análise dessas definições possibilita identificar aspectos comuns sobre modelos de referência: (a) são modelos, ou seja, representam objetos destinados a serem reproduzidos por imitação (HOLANDA, 1999); (b) padronizados e genéricos dentro de um domínio; (c) utilizados para construção de modelos específicos.

Assim, vamos adotar, a partir deste momento, a seguinte definição: **"modelos de referência à gestão são modelos padronizados e genéricos, que desempenham um papel de referência para os tomadores de decisão a respeito de práticas a serem empregadas nas operações e processos organizacionais"**.

2.4 BENEFÍCIOS DOS MODELOS DE REFERÊNCIA

Para discutir os benefícios que os modelos de referência à gestão podem trazer, basta acompanhar o que vem ocorrendo na gestão das organizações. A extensa universalização do uso dos modelos de referência é a primeira forma dessa constatação, conforme apresentado no item 1.3.6 (Cenário atual das organizações).

Essas constatações alinham-se às conclusões de Zilbovicius (1999), que indicou que os modelos de referência têm um papel fundamental na difusão de práticas, pois estabelecem um modo de pensar, abordar e articular os problemas organizacionais. Outros benefícios podem ser acrescidos, construindo uma lista de boas argumentações sobre a importância e utilidade dos modelos de referência à gestão, conforme apresentada no Quadro 2.2.

Autor	Benefícios
Shehabuddeen et al. (1999)	• Comunicação de ideias e descobertas a uma ampla comunidade, entre acadêmicos ou entre academia e indústria. • Comparações entre diferentes situações e abordagens. • Definição do domínio ou dos limites de uma situação. • Descrição do contexto ou argumentação da validade de uma descoberta. • Suporte ao desenvolvimento de procedimentos, técnicas ou métodos e ferramentas.
Mcgrath (1997)	• Apoio ao desenvolvimento de uma linguagem comum entre diferentes empresas, facilitando a comunicação entre elas. • Fornecimento de informações que permitem a realização de *benchmarking*, por meio da comparação da performance de uma empresa com outras que sejam líderes de mercado. • A partir de padrões definidos, é possível descrever como as funcionalidades de um sistema estão relacionadas aos processos do modelo de referência, facilitando a avaliação desse sistema quanto à sua capacidade e adaptabilidade aos processos de uma organização.
Keller e Teufel (1998)	• Ponto de partida para uma solução, realizando-se, posteriormente, os ajustes necessários para adaptá-los à situação específica dentro de uma organização.

(continua)

(continuação)

Fettke e Loos (2007)	• Descrição genérica de uma empresa, tornando-se um importante produto de um processo de pesquisa. • Base para construção de um particular modelo da empresa. • *Benchmarking* ou validação de um modelo específico já existente na empresa. • Seleção de pacotes de ERP.
Becker e Knackstedt (2003)	• Redução de custo, principalmente pela característica de reutilização desses modelos na construção de modelos específicos ou novos modelos de referência. • Decréscimo no tempo de modelagem. • Aumento da qualidade de modelo. • Decréscimo do risco de modelagem.
Vernadat (1996)	• Redução de tempo e custo no desenvolvimento do modelo particular. • Comparação das atividades da empresa com as atividades propostas no modelo (por exemplo, melhores práticas). • Melhor suporte na implantação de sistemas de gestão empresarial integrados.
Karathanos (1999)	• Auxílio no desenvolvimento de práticas de melhoria do desempenho das organizações. • Disseminação de boas práticas para as demais organizações. • Ferramenta para transmitir conhecimentos em desempenho gerencial, planejamento, treinamento e avaliação.
Harrison e Shirom (1999)	• Identificação de organizações de alta competitividade. • Ponto de partida para a implementação da qualidade. • Avaliação das práticas correntes da organização em relação a um padrão classe mundial. • Identificação de oportunidades de melhoria e disseminação de melhores práticas existentes no mercado.
Benavent (2006)	• Orientação para melhoria da gestão. • Possibilita a construção de soluções organizadas e integradas, capazes de serem entendidas e internalizadas.

FONTE: Cardoso (2008).

QUADRO 2.2 Benefícios de modelos de referência

É interessante perceber esses benefícios na prática. Em uma organização de serviços, ganhadora do Prêmio Nacional da Qualidade®, relatos de sua história indicam a importância do modelo de referência à gestão. Segundo seus gestores, ao final de uma trajetória de dez anos utilizando o Modelo de Excelência em Gestão® da Fundação Nacional da Qualidade (MEG), tem-se a crença de que existe uma cultura organizacional disseminada e focada na excelência da gestão. Outra interessante constatação desses gestores é a de que, em momentos históricos, reconhecida a excelência em gestão da organização, ocorreu um "alívio" na preocupação com o alinhamento às referências adotadas. Como consequências, seguiram-se perdas de desempenho e qualidade.

Esse caso leva-nos a atentar para a importância do benefício de alguns tipos de modelos de referência à gestão que mantêm tencionada a busca por patamares de excelência, qualidade e desempenho de classe mundial.

Aqueles que já vivenciaram a jornada de construir, desde suas fundações, todo o modelo de gestão de uma organização, vão entender que utilizar, mesmo que parcialmente, um modelo de referência à gestão é de grande valia. Em muitas de nossas experiências práticas, estarmos pautados em alguma amarração (requisitos, orientações e a lógica inserida dentro de um modelo de referência à gestão) permitiu-nos dialogar com as organizações e, em certos casos, foi a base para determinar os esforços de melhoria.

Há também que destacar que a adoção de modelos de referência é resultado de influências e pressões de mercado, clientes, fornecedores e concorrentes. Aqui percebemos outro benefício de grande importância dos modelos de referência à gestão: a legitimidade.

A questão da legitimidade que certificações ou premiações proporcionam às organizações é constantemente ressaltada na convivência que tivemos ao longo de nossa experiência profissional e beneficia tanto os seus usuários quanto o meio que a observa e legitima.

Um interessante exemplo que podemos destacar foi a construção do modelo de referência eSCM-SP. Essa referência decorre da demanda de organizações norte-americanas compradoras de serviços internacionais habilitados por sistemas de informação. Visando legitimar a relação com seus fornecedores, essas organizações buscaram apoio na Carnegie Mellon University para estabelecer essa referência.

Abdicando de nossas posições pessoais sobre os benefícios de diversos modelos de referência à gestão, precisamos relatar um fato. Diversas vezes, iniciamos projetos e consultorias em organizações que só adotaram as referências pela legitimidade que elas traziam. Em alguns casos, os gestores da organização eram até mesmo contra a adoção, mas o faziam por uma imposição contratual ou de nível hierárquico superior. Essa condição é constantemente salientada por outros pesquisadores e consultores em artigos e trabalhos acadêmicos e aplicados.

Entretanto, a legitimidade deve ser entendida como um benefício, que não pode se sobrepor aos demais, estabelecendo nos gestores a "miopia da obrigação". Se for necessário adotar uma referência por imposição comercial, diferencial competitivo ou determinação corporativa, então que se faça de forma inteligente e estruturada, como nos propomos a apresentar neste livro.

Em síntese, podemos considerar os modelos de referência à gestão um avanço significativo no entendimento da adoção de conceitos e ferramentas de apoio à gestão. Em outras palavras, representam um ponto de partida para a construção de soluções específicas articuladas, legitimadas por uma linguagem comum ao ambiente externo. Outra vantagem é que a maioria dessas referências é disposta em forma gráfica ou diagramática, fortalecendo a capacidade de comunicação do instrumento.

Assim, eles tornaram-se fundamentais para aqueles negócios que buscam melhores níveis de competitividade internacional, pois orientam os tomadores de decisão na construção da estrutura de gestão das organizações, especialmente quando é necessária uma certificação ou um reconhecimento formal para transmitir aos clientes e outras partes interessadas a confiabilidade e a transparência impostas pela relação comercial.

2.5 CONSTRUÇÃO DE MODELOS DE REFERÊNCIA

Agora que podemos utilizar um mesmo conceito para expressar os modelos de referência à gestão, é importante apresentar uma breve discussão sobre como esses modelos são construídos.

Fettke e Loos (2007) argumentam que os modelos de referência à gestão podem resultar de três caminhos:

- consolidação de numerosos conhecimentos e abordagem;
- contribuição particular sobre uma lacuna no domínio de conhecimento de outros modelos de referência existentes;
- resultado de pesquisa empírica que pode ser aplicada em forma de referenciação.

Von Brocke (2007) propõe que a construção desses modelos pode ocorrer, em geral, por quatro abordagens: especialização, analogia, agregação ou integração. A Figura 2.2 busca representar de forma esquemática as quatro lógicas de construção apresentadas pelo autor.

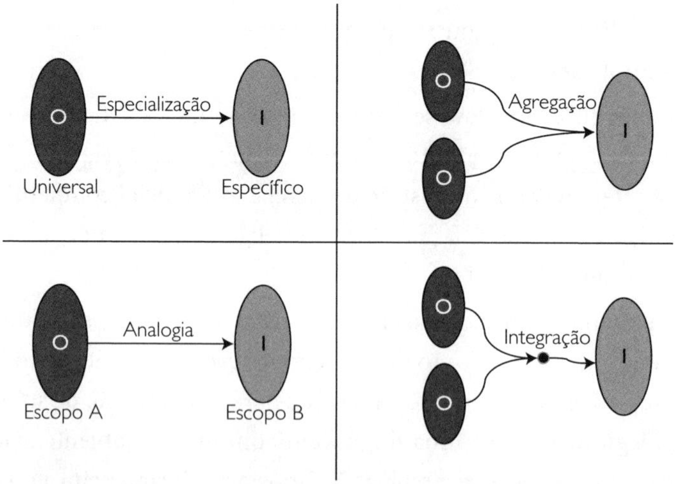

FONTE: Adaptada de Von Brocke (2007).

FIGURA 2.2 Abordagens para construção de modelos de referência

A **especialização** é caracterizada pela derivação de um modelo de referência "I" de um modelo original "O". Em geral, ela ocorre quando tomamos um modelo de referência universal e traduzimos para a especificidade de um determinado setor da indústria, organização específica etc. Podemos exemplificar essa construção pelo modelo de excelência à gestão pública (MEG-P), que traduz para a especificidade das organizações públicas o Modelo de Excelência à Gestão®.

A **analogia** caracteriza-se pela utilização de um modelo de referência original "O" como principal orientação na construção do modelo resultante "I". Muito próximo da especialização, essa construção pode ser exemplificada pela construção da ISO/TS 16949:2002 (Quality management systems), que representa uma analogia da ISO 9001:2000 para a indústria automotiva.

A **agregação** é caracterizada pela combinação de um ou mais modelos de referência originais "O", resultando em um novo modelo "I". Nessa construção, os autores não buscam integrar os requisitos ou orientações dos modelos originais em um novo modelo, mas somá-los de forma compatibilizada dentro do modelo de referência proposto. Pouco encontrados na sua forma pura, os modelos de referência por agregação são mais disponíveis quando novos modelos estão em construção ou em versões de trabalho antes do seu lançamento.

A **integração** é caracterizada pela criação de um modelo de referência "I" a partir da integração de um ou mais modelos de referência original "O". Na integração, o modelo de referência construído constitui-se em novos requisitos ou orientações decorrentes dos modelos originais. O CMM é um exemplo de referência realizado pela integração de diversos outros modelos, principalmente a ISO 9001 e o MBNQA.

Keller e Teufel (1998) lembram que os modelos de referência à gestão podem ser – e normalmente são – elaborados a partir do que se considera as melhores práticas do mercado, mantendo sua universalidade e possibilitando "reutilização" na construção de modelos específicos ou de outros modelos de referência.

Nossa experiência permite apresentar a construção do MEG da FNQ como um interessante exemplo para discutirmos as quatro abordagens anteriormente apresentadas. Estudo detalhado em termos de trajetória histórica de construção dessa referência está disposto no item 3.11 deste livro.

Utilizando-se das abordagens de Von Brocke, conforme Figura 2.3, o MEG da FNQ "nasceu" por meio de uma "analogia" ao modelo norte-americano MBNQA, lógica que se manteve predominante até 1995. No período de 1995 a 2000, percebe-se uma transição entre a "analogia" e a "especialização", com a inserção de experiências acumuladas e a "tropicalização" do modelo. O ano de 2000 pode ser considerado um marco, em que a FNQ passou para uma abordagem de "integração" de diferentes referências nacionais e internacionais.

FONTE: Elaborada pelos autores.

FIGURA 2.3 Construção de modelos de referência

2.6 CLASSIFICAÇÃO E TIPOLOGIA DE MODELOS DE REFERÊNCIA

Antes de prosseguirmos com a apresentação de alguns modelos de referência à gestão, é importante lembrar recortes, tipos e classificações. Inicialmente, definimos o que vinha a ser um modelo e recortamos desse universo aqueles que servem de referência para tomadores de decisão a respeito de práticas a serem empregadas nas operações e processos organizacionais. Esse recorte levou-nos aos modelos de referência à gestão.

Contudo, mesmo com base nesse recorte, são vastas as possíveis subdivisões em funções dos tipos e classes dessas referências. Vamos partir da adaptação da estrutura de tipos de modelos de referência sugerida por Fettke, Loss e Zwicker (2005), conforme apresentada na Figura 2.4.

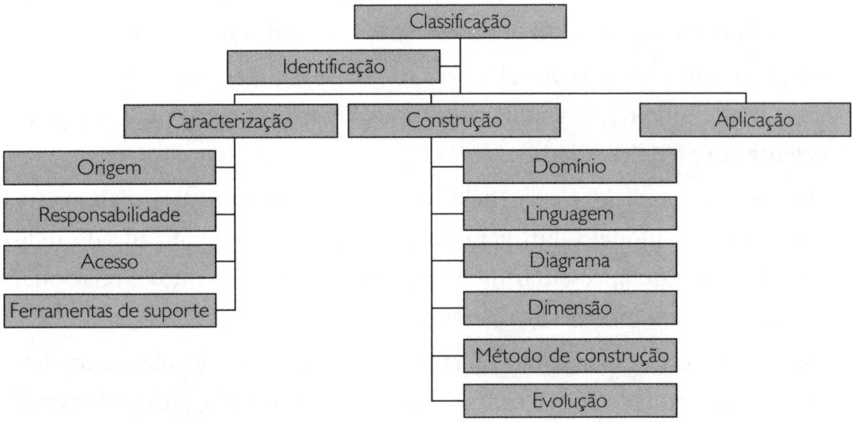

FONTE: Fettke, Loss e Zwicker (2005).

FIGURA 2.4 Classificação dos modelos de referência

A **identificação**, na classificação proposta, significa a denominação do modelo de referência.

A dimensão **caracterização** corresponde aos aspectos estruturais do modelo, compostos por:

- *Origem* – podemos considerar as quatro abordagens de construção de modelos de referência apresentadas no tópico anterior: especialização, analogia, agregação e integração. Segundo Von Brocke (2007), a distinção sugerida está na origem científica e prática do modelo de referência.
- *Responsabilidade* – entidade (ou pessoa) responsável pelo modelo de referência.
- *Acesso* – refere-se à acessibilidade das organizações ao modelo, podendo ser considerado **livre**, quando o acesso e uso são ostensivos; **controlado**, quando o acesso é aberto, mas o reconhecimento de uso é restringido; e **restrito**, quando o acesso é restrito (compra) e o uso restringido por reconhecimento.
- *Ferramenta de suporte* – existência de ferramenta de suporte à utilização do modelo.

A outra dimensão, denominada **construção**, refere-se aos aspectos associados ao conteúdo do modelo e método de construção e evolução, apresentando os seguintes componentes:

- *Domínio* – representa o campo de aplicação da perspectiva dos usuários do modelo. Uma possível tipologia para essa classificação refere-se aos modelos de aplicação **institucional** (direcionado aos principais aspectos da gestão da organização),

funcional (aplicado a uma determinada área ou função da organização) ou **processual** (empregado em processo específico dentro de uma organização).

- *Linguagem de modelagem* – aborda a linguagem que foi utilizada para expressar o modelo de referência. Pode-se considerar dois tipos de linguagem, a de **orientação** e a de **requisitos**.
- *Diagrama do modelo* – existência ou não de uma estrutura diagramática de explicação do modelo. Em geral, o diagrama tem a finalidade de reduzir a complexidade ou apresentar uma visão global dos elementos e relacionamentos existentes no modelo de referência.
- *Dimensão* – essa classificação objetivava atribuir uma medida ao modelo que pode ser relacionado ao seu escopo. Aqui o recorte é vasto, pois podemos identificar modelos de referência com escopo voltado para gestão pela qualidade e excelência, gestão de TI, governança e controle corporativo, gestão de projetos etc.
- *Método de construção* – método utilizado para construção do modelo de referência. Pode ser **dedutivo** ou **empírico**. No primeiro, o modelo resulta de uma lógica formal e inferências matemáticas; no segundo, da investigação de experiências reais de empresas (melhores práticas).
- *Evolução* – diz respeito aos métodos utilizados para evoluir o modelo de referência.

A terceira dimensão sugerida é a **aplicação** e refere-se à forma de utilização do modelo de referência. Essa dimensão pode ser desdobrada em quatro grandes tipos:

- *Certificação institucional* – são modelos de referências destinados a produzir uma certificação que confere à organização a capacidade de atender a requisitos estabelecidos. Como exemplo podemos citar as normas ISO 9001 e OHSAS 18001.
- *Certificações profissionais* – são modelos de referências utilizados para certificar profissionais que desempenham atividades de gestão da organização, como por exemplo, o PMBOK® com a certificação profissional do PMP.
- *Maturidade ou premiação* – são modelos de referência que possuem requisitos, mas cujo processo de avaliação destina-se a estabelecer faixas de maturidade ou aderência expressas em termos de pontuações e prêmios. O MEG é o principal exemplo para esse tipo de modelo de referência.
- *Orientação* – são modelos de referência que podem ser utilizados pelas organizações, mas não possuem qualquer mecanismo que legitime sua utilização (não emitem certificações, premiações etc.). As normas ISO 9004 são exemplos de um modelo de referência que pode ser adotado, mas não possui certificação ou qualquer outra comprovação de legitimidade do seu uso.

CAPÍTULO 3

APRESENTANDO EXEMPLOS DE MODELOS DE REFERÊNCIA PARA A GESTÃO

Conforme discutido no Capítulo 2, os modelos de referência à gestão são modelos padronizados e genéricos, que desempenham um papel de referência para os tomadores de decisão a respeito de práticas a serem empregadas nas operações e processos organizacionais.

Existe, atualmente, um grande número de modelos de referência à gestão. Os mais emblemáticos foram levantados em uma pesquisa histórica (CARDOSO, 2008) e estão ilustrados na Figura 3.1.

Nos tópicos seguintes, são destacados aqueles que vêm sendo utilizados com maior frequência, tanto no Brasil como no mundo.

	Gestão de TI	Governança e controle corporativo	Gestão da qualidade	Gestão de projetos
1976			TC 176	
1977		FCPA		
1979	Prompt II			
1982			Relatório APQC	
1984	Criação do SEI			1º PPMP certificado
1985	IBM Maturity Grid			
1986		COSO		
1987	CCSC	EDP Auditors Association	MBNQA ISO 9000	
1989	ITIL CMM			Prince
1990	CMM V2			
1991	SW-CMM			
1992			MEG FNQ TC 207	
1994		Cobit		
1995	SE-CMM BS 7799			Prince II
1996			BS 8800 ISO 14000 ISO 9000	
1997		Cobit II		
1998	BS 7799 II		SA 8000	
1999	ITIL II ISO 17799		OHSAS 18001	
2000	BS 15000		ISO 9000	
2001	eSCM-SP			
2002	BS 15000 CMMI	Sarbanes-Oxley		
2004	eSCM-SP v2 ISO 20000		ISO 16000	PMBOK® 3ª
2005	ISO 27000 ISO 17799 v2	Cobit 4.0	ISO 14001	Prince II
2006	CMMI v2			
2008			ISO 9001	
2009			NBR 15999-2	
2010			ISO 26000	

FONTE: Elaborada pelos autores.

FIGURA 3.1 Trajetória histórica dos modelos de referência

3.1 NBR ISO 9001:2008

A Segunda Guerra Mundial foi, certamente, um grande aprendizado sobre "intercambialidade", conformidade e qualidade para o Departamento de Defesa Americano. No pós-guerra, esse aprendizado foi revertido na preocupação com sistemas de padronização do Departamento de Defesa Americano, a qual foi formalizada no Quality Assurance: procedimentos para gerenciar todas as funções que afetavam a qualidade dos produtos manufaturados.

Em 1970, a Otan adotou as normas Allied Quality Assurance Publication (APAQ), primeira grande orientação voltada para a garantia da qualidade. Em 1976, impulsionados pelos benefícios da APAQ, surgiram o grupo de trabalho da ISO denominado TC 176 e as normas britânicas Defense Standart e BS 5750. Como consequência dos estudos do TC 176, grupo de estudos da International Organization for Standardization (ISO), em 1987, foram aprovadas as normas série ISO 9000, fortemente baseadas na BS 5750 – cujo propósito era prover documentação contratual para demonstrar que a produção estava sob controle (DE PAULA, 2004).

A versão de 1994 enfatizou a garantia da qualidade por meio de ações preventivas e continuadas para evidenciar o comprometimento com a documentação de procedimentos (DE PAULA, 2004). Infelizmente, da mesma forma que na versão anterior, as empresas tenderam a implementar o atendimento aos requisitos mediante a criação de procedimentos e tornaram-se burocráticas. A adaptação e a melhoria dos processos tornavam-se difíceis nesse ambiente.

A versão de 2000 trouxe uma modificação mais radical nos conceitos de gerenciamento de processos. Os documentos produzidos pela ISO não apresentavam modificações nos objetivos de sua essência, mas alteravam o conceito para documentação do sistema de qualidade em vez de sistema de documentação – erradamente disseminado pela versão anterior. O aprimoramento das normas ISO 9001:2000 seguiu as tendências mundiais dos conceitos de gestão, fortemente influenciadas pelos novos conceitos do Total Quality Management e pelo entendimento da importância dos *stakeholders*. Atualmente, o objetivo formal descrito na NBR ISO 9001:2008 é o de obter um "sistema de gestão da qualidade, onde uma organização precisa demonstrar sua capacidade para fornecer produtos que atendam aos requisitos do cliente e aos requisitos regulamentares aplicáveis, e objetiva aumentar a satisfação do cliente", conforme demonstra a Figura 3.2.

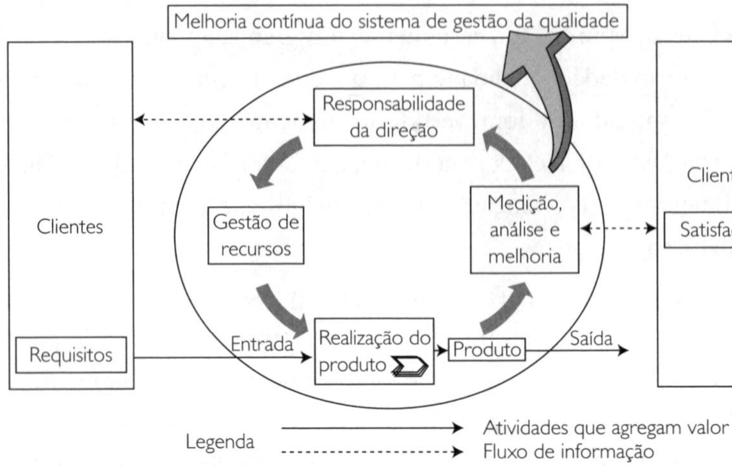

FONTE: ABNT (2008).

FIGURA 3.2 Diagrama do modelo de referência NBR ISO 9001:2008

Para tal, a NBR ISO 9001:2008 parte de um conjunto de princípios que orientam a construção do modelo de referência, a saber:

- *Foco no cliente* – Organizações dependem de seus clientes e, portanto, é recomendável que atendam às necessidades atuais e futuras do cliente, seus requisitos, bem como que procurem superar suas expectativas.
- *Liderança* – Líderes estabelecem uma unidade de propósito e o rumo da organização. Convém que eles criem e mantenham o ambiente interno, no qual as pessoas possam ficar totalmente envolvidas no propósito de alcançar os objetivos da organização.
- *Envolvimento de pessoas* – Pessoas de todos os níveis são a base de uma organização, e seu total envolvimento possibilita que as suas habilidades sejam usadas para o benefício da organização.
- *Abordagem de processo* – Um resultado desejado é alcançado mais eficientemente quando as atividades e os recursos relacionados são gerenciados como um processo.
- *Abordagem sistêmica para a gestão* – Identificar, entender e gerenciar os processos inter-relacionados, como um sistema, contribui para a eficácia e eficiência da organização no sentido de esta alcançar os seus objetivos.
- *Melhoria contínua* – Melhoria contínua do desempenho global da organização deve ser um objetivo permanente.
- *Abordagem factual para tomada de decisões* – Decisões eficazes são baseadas na análise de dados e informações.

- *Benefícios mútuos nas relações com os fornecedores* – Uma organização e seus fornecedores são interdependentes; nesse sentido, uma relação de benefícios mútuos aumenta a capacidade de ambas para agregar valor.

Esses princípios são traduzidos em requisitos, divididos em: (a) sistema de gestão da qualidade; (b) responsabilidade da direção; (c) gestão de recursos; (d) realização do produto; e (e) medição, análise e melhoria. Segundo descrito no próprio modelo de referência (ABNT, 2008a), os requisitos são genéricos e aplicáveis às organizações de qualquer setor industrial ou econômico, independentemente da categoria do produto ofertado.

As normas ISO são desenvolvidas de acordo com os seguintes princípios: (a) consenso – visão de todos os interessados; (b) abrangência – soluções globais que satisfaçam as organizações e os clientes; e (c) voluntariado – baseado no envolvimento voluntário de todas as partes interessadas em qualquer mercado de atuação. O processo de desenvolvimento das normas ISO (ISO, 2009) contempla as seguintes etapas:

- **Fase 1** – Proposta => identificação da necessidade de uma nova norma. Votação dos integrantes do TC/SC correspondente ao tema.
- **Fase 2** – Preparatória => Grupo de especialistas, coordenado por um *chairman*, prepara um *working draft*. Somente inicia-se a próxima fase quando o *working draft* é submetido e aprovado pelo grupo do TC/SC.
- **Fase 3** – Comitê => Distribuição do *working draft* a um comitê. Quando um consenso é alcançado, esse documento torna-se um *Draft International Stardard* (DIS).
- **Fase 4** – Investigação => O DIS circula por todos os membros da ISO para comentários por um período de cinco meses.
- **Fase 5** – Aprovação => A aprovação do DIS é realizada por votação de todos os membros da ISO em um período de dois meses.
- **Fase 6** – Publicação.

3.2 NBR ISO 14001:2004

As normas ISO série 14000 apresentam-se, também, como resposta a demandas da sociedade. Desde a década de 1960, a sociedade mundial vem debatendo aspectos ligados à preservação ambiental, de um lado, e ao desenvolvimento, do outro. Kouzes e Posner (2003), ao identificarem os desafios da liderança nesse contexto moderno, enfatizam a importância de gerenciar, considerando a qualidade de vida e a proteção dos ecossistemas e da sustentabilidade social.

Marcos importantes da preocupação com o meio ambiente e os ecossistemas ocorreram a partir da década de 1970: (a) Conferência Mundial sobre o Meio Ambiente

(1972); (b) Comissão Brundland (1987); e (c) Conferência das Nações Unidas sobre o Meio Ambiente e o Desenvolvimento – ECO (1992).

Em 1993, a ISO definiu o TC 207, cujo objetivo principal era estabelecer "normalizações no campo das ferramentas e sistemas para gerenciamento ambiental" (ISO TC 207, 2010). Como resultado desse comitê técnico, em 1996, foi estabelecida uma série de normas denominadas ISO 14001. A seguir, na Figura 3.3, é apresentado o modelo de referência do sistema de gestão ambiental da ISO 14001.

FONTE: NBR ISO 14001.

FIGURA 3.3 Modelo do sistema de gestão ambiental

3.3 ISO 26000

Prevista para lançamento até o final de 2010, esta norma está voltada para a questão da responsabilidade social, que desde o início da década de 1990 vem sendo tema de debates constantes em todo o planeta. Contudo, diferentemente das normas ISO 9001 e 14001, a série 26000 não será uma norma para certificação, ou seja, ela servirá apenas como um guia de diretrizes, e não como base para obtenção de selos e certificados de responsabilidade socioambiental pelas empresas e outras organizações. Ela trará apenas orientações sobre o processo de incorporação da responsabilidade social e ambiental às atividades de uma organização, assim como indicará instrumentos, sistemas e entidades vinculadas ao tema em questão (WD4.2, 2008).

O real objetivo é orientar as organizações de todos os setores e portes sobre os cuidados e princípios que devem ser seguidos por quem, um dia, deseja se tornar socialmente responsável.

No entanto, o que vem a ser **responsabilidade social**? O conceito é muito mais complexo do que parece, e sua explicação pode ser dada por meio da visão de vários autores, mesmo porque inúmeras pessoas e organizações confundem responsabilidade social com filantropia.

Segundo Emerson Kapaz, Conselheiro do Instituto Ethos,

> a Responsabilidade Social nas empresas significa uma visão empreendedora mais preocupada com o entorno social em que a empresa está inserida, ou seja, sem deixar de se preocupar com a necessidade de geração de lucro, mas colocando-o não como um fim em si mesmo, e sim, como um meio para se atingir um desenvolvimento sustentável e com mais qualidade de vida (ETHOS, 2009).

Em outras palavras, elas estão reconhecendo os impactos que causam quando se instalam e desenvolvem as suas atividades em um determinado local; assim, a responsabilidade social torna-se uma forma de compensar esses danos à sociedade como um todo. As empresas cada vez mais mudam a sua forma de pensar, de agir, mudam a sua essência. Elas deixam de ser entidades preocupadas somente com os resultados financeiros e passam a se preocupar com a sociedade em geral.

O Brasil, representado pela Associação Brasileira de Normas Técnicas (ABNT), em conjunto com o Swedish Standard Institute (SIS), da Suécia, são responsáveis pela condução dos trabalhos, liderando o Grupo de Trabalho de Responsabilidade Social da ISO (ISO/TMB WG – Working Group), com mais de 430 membros de 72 países e 35 organizações internacionais. Esse processo inaugura um fato histórico na ISO: é a primeira vez que um país em desenvolvimento está na liderança de um processo dessa magnitude.

Os princípios norteadores e os temas centrais da ISO 26000 estão apresentados nos Quadros 3.1 e 3.2.

Princípios	
Responsabilidade (*accountability*)	Assumir voluntariamente o dever de responder por todas as consequências de suas ações.
Transparência	Oferecer às partes interessadas todas as informações sobre os fatos que possam afetá-las, de forma acessível, compreensível e com prazos adequados.
Comportamento ético	Agir de modo aceito pela sociedade como correto, e não fazer a outros o que não aceitaria que fosse imposto por outros a você.
Consideração pela partes interessadas (*stakekolders*)	Ouvir e considerar as manifestações das pessoas ou entidades que tenham um interesse identificável nas atividades da organização.
Legalidade	Como ponto de partida mínimo, para ser socialmente responsável, cumprir integralmente as leis do país onde está operando.
Normas internacionais	Adotar prescrições de tratados e outros acordos internacionais favoráveis à responsabilidade social, mesmo que ainda não obrigados por lei.
Direitos Humanos	Reconhecer a importância e a universalidade dos Direitos Humanos, cuidando para que as atividades da organização não os agridam direta ou indiretamente.

Fonte: WD4.2 (2008).

QUADRO 3.1 Princípios da norma ISO 26000

TEMAS CENTRAIS

Os temas de interesse da responsabilidade social são muitos, e podem ser organizados de várias formas. A ISO 26000 os agrupou em sete grandes "temas centrais", cada um incluindo várias subtemas. Alguns assuntos – como saúde e segurança, cadeia de valor e questões econômicas – não surgem como um tema específico, pois são tratados transversalmente. Cada organização, com seus *stakeholders*, deverá avaliar as prioridades para sua ação.

Direitos Humanos,	**Práticas de trabalho,**	**Meio ambiente,**	**Práticas leais de operação,**	**Consumidores,**	**Envolvimento comunitário e desenvolvimento,**
incluindo verificação de obrigações e de situações de risco; resolução de conflitos; direitos civis, políticos, econômicos, sociais e culturais; direitos fundamentais do trabalho; evitar cumplicidade; e cuidado com discriminação e grupos vulneráveis.	incluindo emprego e relações do trabalho; condições de trabalho e proteção social; diálogo social; saúde e segurança ocupacional; desenvolvimento humano dos trabalhadores. Refere-se tanto ao emprego direto quanto ao terceirizado ou trabalho autônomo.	incluindo prevenção da poluição; uso sustentável de recursos; combate e adaptação às mudanças climáticas; proteção e restauração do ambiente natural. E os princípios da precaução, do ciclo de vida, da responsabilidade ambiental, e do "poluidor-pagador".	incluindo combate à corrupção; envolvimento político responsável; concorrência e negociação justa; promoção da responsabilidade social na esfera de influência da organização e respeito aos direitos de propriedade.	incluindo práticas justas de negócios, marketing e comunicação; proteção à saúde e segurança do consumidor; consumo sustentável; serviço e suporte pós-fornecimento; privacidade e proteção de dados; acesso a serviços essenciais; educação e conscientização.	incluindo envolvimento com a comunidade; investimento social; desenvolvimento tecnológico; investimento responsável; criação de empregos; geração de riqueza e renda; promoção e apoio à saúde; educação e cultura.

Governança organizacional

Trata dos processos e estruturas de tomada de decisão, delegação de poder e controle. É um tema especial, pois, ao mesmo tempo, é algo sobre o qual a organização deve agir, e também uma forma de incorporar os princípios da responsabilidade social ao seu modo de agir cotidiano.

FONTE: WD4.2 (2008).

QUADRO 3.2 Temas centrais da norma ISO 26000

3.3.1 RESPONSABILIDADE SOCIAL NO BRASIL

Desde o início da década de 1990, o Brasil vem demonstrando grande preocupação com a responsabilidade social. Tanto que, em 1998, é fundado o Instituto Ethos de Empresas e Responsabilidade Social com o propósito de auxiliar as empresas a assimilarem o conceito de responsabilidade social empresarial e incorporá-lo ao dia a dia de sua gestão, em um processo contínuo de avaliação e aperfeiçoamento.

O Ethos é uma organização sem fins lucrativos, caracterizada como Organização da Sociedade Civil de Interesse Público (OSCIP). Sua missão é mobilizar, sensibilizar e ajudar as empresas a gerirem seus negócios de forma socialmente responsável, tornando-as parceiras na construção de uma sociedade justa e sustentável.

Entre as várias contribuições do Instituto Ethos para as organizações brasileiras, destaca-se a criação dos **Indicadores Ethos.** Essa iniciativa faz parte do esforço do Instituto na disseminação da responsabilidade social empresarial no Brasil. Os **Indicadores Ethos**, ao mesmo tempo em que servem de instrumento de avaliação para as empresas, reforçam a tomada de consciência dos empresários e da sociedade brasileira sobre o tema.

Os indicadores são agrupados nos seguintes temas:

- valores, transparência e governança;
- público interno;
- meio ambiente;
- fornecedores;
- consumidores e clientes;
- comunidade;
- governo e sociedade.

3.4 NBR 15999-2

A norma NBR 15999-2, criada em 2008, teve por base a norma BSI 25999-2:2007, cujo foco é o Sistema de Gestão para Continuidade dos Negócios (SGCN). Desde o final do século passado e início do século XXI, vários foram os motivadores para a criação da norma inglesa, entre eles:

- mudanças tecnológicas – internet, *bug* do milênio, *hackers*, entre outras;
- alterações climáticas – furacões, terremotos, tsunamis, inundações, entre outras mudanças provenientes do aquecimento global;
- ataques a pessoas – vírus, incidentes, epidemia, pandemia etc.;
- ataques a ativos e instalações – terrorismo, vírus TI etc.;
- indisponibilidade de serviços – eletricidade, água, transporte, telefone, entre outros meios de comunicação;
- escassez de recursos – matéria-prima, gasolina, gás, alimento.

A Gestão da Continuidade dos Negócios, segundo a norma, se caracteriza como

> processo abrangente de gestão que identifica ameaças potenciais para uma organização e os possíveis impactos nas operações do negócio caso essas ameaças se concretizem. Esse processo fornece uma estrutura para que se desenvolva uma resiliência organizacional que seja capaz de responder efetivamente e salvaguardar os interesses das partes interessadas, a reputação e a marca da organização e suas atividades de valor agregado (NBR 15999-2, 2008b).

Os principais benefícios e resultados esperados com a adoção dessa norma são:

- propicia a visão sistêmica da organização – em relação a ela mesma e a suas partes interessadas;
- identificação e proteção dos produtos e serviços críticos;
- identificação dos impactos de uma interrupção antes da sua ocorrência;
- agilidade e efetividade de respostas;
- melhoria na capacidade de gerir riscos;
- melhoria no trabalho em equipe;
- melhoria na gestão da cadeia de fornecedores;
- potencializa a melhoria da imagem da organização.

As Figuras 3.4 e 3.5 apresentam o ciclo da gestão da continuidade dos negócios e sua correlação com o ciclo PDCA proposto por Deming.

FONTE: ABNT (2008).

FIGURA 3.4 Ciclo de vida da gestão da continuidade dos negócios

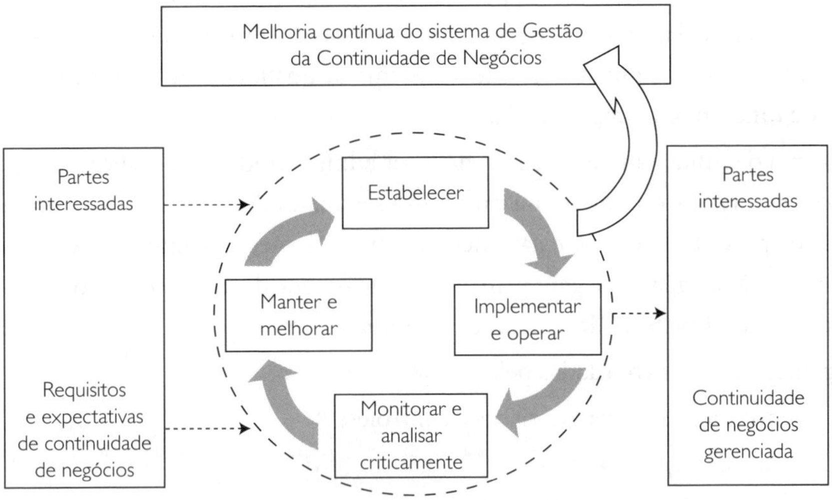

Plan (Planejar)	Estabelecer uma política de continuidade de negócios, objetivos, metas, controles, processos e procedimentos pertinentes à gestão de risco e melhorar a continuidade de negócios para ter resultados conforme os objetivos e políticas de toda a organização.
Do (Fazer)	Implementar e operar a política de continuidade de negócios, controles, processos e procedimentos.
Check (Verificar)	Monitorar e analisar criticamente o desempenho em relação aos objetivos e política de continuidade de negócios, reportar os resultados para a direção para uma análise crítica, e definir e autorizar ações de melhorias e correções.
Act (Agir)	Manter e melhorar o SGCN tomando ações corretivas e preventivas, baseadas nos resultados da análise crítica do gestor e reavaliando o escopo do SGCN e as políticas e objetivos de continuidade de negócios.

Fonte: ABNT (2008).

FIGURA 3.5 Modelo PDCA aplicado aos processos SGCN

3.5 OHSAS 18001

A OHSAS 18001 (original BS 8800, 1996), oficialmente publicada pela British Standards Institution, entrou em vigor no dia 15 de abril de 1999 (BSI, 2005) e consiste em uma referência à gestão, assim como a ISO 9000 e a ISO 14000, porém com o foco voltado para a saúde e a segurança ocupacional. Em outras palavras, a OHSAS 18001 é uma ferramenta que permite uma empresa atingir e sistematicamente controlar e melhorar o nível do desempenho da saúde e segurança do trabalho por ela mesma estabelecido.

OHSAS é uma sigla em inglês para Occupational Health and Safety Assessment Series (em português, Série de Avaliação de Saúde e Segurança Ocupacional). Assim como os Sistemas de Gerenciamento Ambiental e de Qualidade, o Sistema de Gestão de Segurança e Saúde Ocupacional (SSO) também possui objetivos, indicadores, metas e planos de ação.

A implantação da OHSAS 18001 retrata a preocupação da empresa com a integridade física de seus colaboradores e parceiros. O envolvimento e a participação dos funcionários no processo de implantação desse sistema de qualidade são, assim como outros sistemas, de fundamental importância.

A norma delimita a maneira como deve ser administrada a segurança e a saúde do trabalho na empresa, fornecendo um caminho a ser analisado, planejado e mantido conforme certos procedimentos que garantem, além dos benefícios internos, a adequação da organização às exigências legais, principalmente no que diz respeito às Normas Regulamentadoras do Ministério do Trabalho e Emprego.

As principais áreas abordadas pela OHSAS 18001 são:

- identificação de perigos, riscos e controles;
- requisitos legais e outros;
- objetivos e Programa OHS;
- recursos, cargos, responsabilidades, disponibilidade e autoridade;
- competências, treinamentos e conscientização;
- comunicação, participação e consulta às partes interessadas;
- controle operacional;
- prontidão e respostas para emergência;
- medição, monitoramento e melhoria contínua.

3.6 COBIT

O Control Objectives for Information and Related Technology (Cobit) é um guia apresentado na forma de *framework*, dirigido para a gestão de Tecnologia de Informação (TI), ou seja, é uma ferramenta que fornece referência para boas práticas para a gestão de TI e processos em uma estrutura diferenciada e lógica, alinhando-se com as necessidades múltiplas da administração da empresa e construindo uma ponte sobre as aberturas entre riscos do negócio, edições técnicas, necessidades de controle e exigências de medida de desempenho.

Criado e mantido pelo Information Systems Audit and Control Association (Isaca), possui uma série de recursos que podem servir como um modelo de referência para gestão da TI, incluindo sumário executivo, *framework*, controle de objetivos, mapas de auditoria, ferramentas para a sua implementação e guia com técnicas de gerenciamento.

Em 1996, foi estabelecida a primeira versão, elaborada pela Information Systems Audit and Control Foundation (ISACF). Em seguida, em 1998, foi publicada a segunda versão, incluindo documentação de alto nível, controles, objetivos detalhados e criação do *implementation tool set*. As novas atualizações ocorreram em 2000 (versão 3), com o foco em governança de TI e, em 2005 (versão 4.1), com adequações para melhor integração com regulamentações e *compliance*.

O Cobit não exclui qualquer padrão aceito para controles de segurança da informação e auditoria, ou seja, ele os agrega às suas recomendações. Por exemplo:

- Padrões técnicos – ISO, Eletronic Data Interchange for Administration, Commerce and Transport (EDIFACT) etc.
- Códigos de conduta – Organization for Economic Co-operation and Development (OECD), Information Systems Audit and Control Association® (Isaca) etc.
- Critérios de qualificação para sistemas e processos de TI – Information Technology Security Evaluation Criteria (ITSEC), Trusted Computer System Evaluation Criteria (TCSEC), *quality management certification program for software, supported primarily by the United Kingdom and Swedish software industries* (TickIT) etc.
- Padrões profissionais para auditoria – Committee of Sponsoring Organizations (COSO), International Federation of Accountants (IFAC), Institute of Internal Auditors (IIA), U. S. Government Accountability Office (GAO).

Essa referência está estruturada de forma a cobrir os quatro domínios, uma vez que estes se desdobram em 34 processos de controles de alto nível (que serão detalhados a seguir), para os quais foram criados 318 objetivos de controles necessários, a fim de analisar e atender aos requisitos de TI e, consequentemente, aos objetivos do negócio. Como resultado de avaliação desses objetivos, criam-se as estratégias para mitigação de riscos existentes, baseados nos resultados obtidos.

Para cada um dos 34 processos, o Cobit contempla os fatores críticos de sucesso e determina os Indicadores de Resultados (KGI) e Indicadores de Desempenho (KPI), que geram as métricas para a avaliação da governança de TI, para diretrizes de auditoria e para a segurança da informação.

O Cobit apresenta um modelo para atestar a maturidade de cada processo em uma escala de cinco estágios possíveis, sendo eles: 0 – Não existe; 1 – Inicial; 2 – Repetível e intuitivo; 3 – Processos definidos; 4 – Gerenciados; 5 – Processos otimizados.

O processo de avaliação do Cobit é construído para suportar três audiências distintas:

- gerentes que necessitam avaliar o risco e controlar os investimentos de TI em uma organização;

- usuários que precisam ter garantias de que os serviços de TI dos quais dependem os seus produtos e serviços para os clientes internos e externos estão sendo bem gerenciados;
- auditores que podem se apoiar nas recomendações do Cobit para avaliar o nível da gestão de TI e aconselhar o controle interno da organização.

Como uma referência modelada para orientar sua adoção, o Cobit está dividido em domínios, que significam temas conceituais de uso e aplicação.

Planejar e organizar – Esse domínio cobre a utilização de informação e tecnologia, além de seu uso para que a empresa alcance seus objetivos e metas. A estrutura organizacional e a infraestrutura de TI devem ser consideradas para que se alcance os resultados desejados, assim como para gerar os benefícios do seu uso:

- definir um plano estratégico de TI e orientações;
- definir a arquitetura de informação;
- determinar o gerenciamento tecnológico;
- definir os processos de TI, organização e relacionamentos;
- gerenciar o investimento em TI;
- comunicar os objetivos de gerenciamento e orientar;
- gerenciar os recursos humanos de TI;
- gerenciar a qualidade;
- estimar e gerenciar os riscos de TI;
- gerenciar projetos.

Adquirir e implementar – Nesse domínio, os requisitos de TI, aquisição de tecnologia e sua implementação nos processos de negócios da organização são abrangidos. Há também foco no desenvolvimento do plano de manutenção para prolongar a vida do sistema de TI e seus componentes. Os processos são:

- identificar soluções automatizadas;
- adquirir e manter software de aplicação;
- adquirir e manter infraestrutura de tecnologia;
- habilitar operação e uso;
- obter recursos de TI;
- gerenciar mudanças;
- instalar e credenciar soluções e mudanças.

Entregar e dar suporte – O domínio de entregar e dar suporte foca aspectos de entrega de tecnologia da informação, assim como o suporte dos processos que habilitam a execução de forma eficiente e efetiva. Esses processos de suporte também incluem questões de segurança e treinamento. A seguir, são apresentados os processos desse domínio:

- definir e gerenciar níveis de serviço;
- gerenciar serviços de terceiros;
- gerenciar desempenho e capacidade;
- assegurar serviço contínuo;
- assegurar segurança de sistema;
- identificar e alocar recursos;
- treinar usuários;
- gerenciar serviços de escritório e incidentes;
- gerenciar a configuração;
- gerenciar problemas;
- gerenciar dados;
- gerenciar o ambiente físico;
- gerenciar operações.

Monitorar e avaliar – Esse domínio lida com a estimativa estratégica das necessidades da organização e avalia se o atual sistema de TI atinge os objetivos para o qual ele foi especificado, controlando os requisitos para atender aos objetivos regulatórios. Ele também controla os processos internos da companhia por meio de auditores internos e externos:

- monitorar os processos;
- assegurar avaliação dos controles internos;
- obter avaliação independente;
- prover auditoria independente.

A Figura 3.6 ilustra a estrutura do Cobit com os quatro domínios, em que claramente está ligada aos processos de negócio da organização. Os mapas de controle fornecidos pelo Cobit auxiliam os auditores e gerentes a manter controles suficientes para garantir o acompanhamento das iniciativas de TI e recomendar a implementação de novas práticas, se necessário. O ponto central é o gerenciamento da informação com os recursos de TI para garantir o negócio da organização.

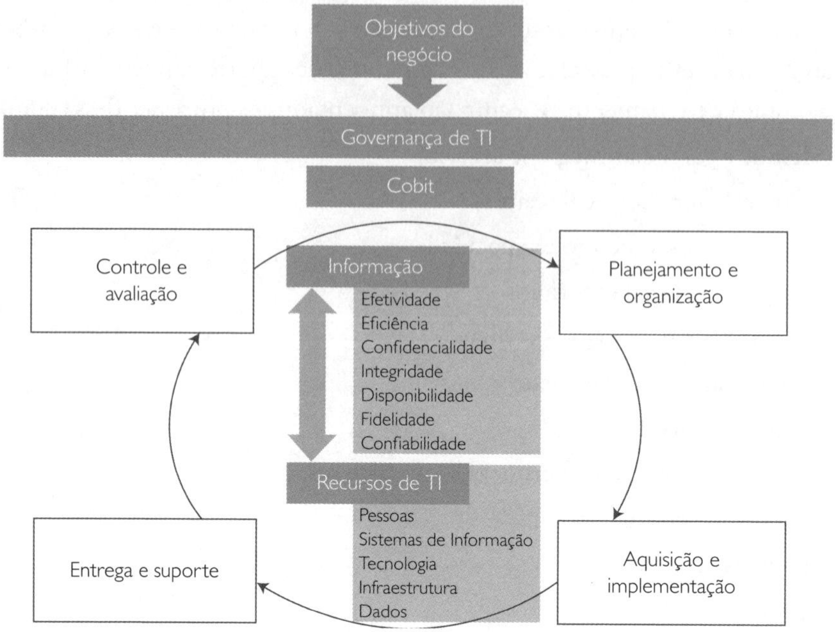

FONTE: Adaptada de Cobit 4.1 (2007).

FIGURA 3.6 Os quatro domínios do Cobit e sua origem do PDCA

3.7 LEI SARBANES-OXLEY (SOX)

As fraudes financeiras norte-americanas (Enro, WorldCom, ImClone, Adelphia, Global Crossin) e europeias (Royal Ahold, Holanda; Altran Techonologies, França; Omroad, Alemanha; Élan, Irlanda), nos anos 1990 até os primeiros anos do século XXI, parecem ter sido o resultado da complexidade de divulgação das demonstrações contábeis. A crise de credibilidade presente nessa época e a desconfiança dos investidores cresciam de tal forma que as autoridades norte-americanas foram unânimes em aprovar a implementação de uma nova legislação: a Lei Sarbanes-Oxley, assinada em 30 de julho de 2002 por George Arbusto, presidente do Congresso daquele país.

Ela foi originada de projetos de lei elaborados pelo senador norte-americano Paul Sarbanes e pelo deputado federal Michael Oxley, sendo oficialmente intitulada: Sarbanes-Oxley Act 2002, também conhecida por Sarbox ou SOX, e considerada por muitos a maior reforma da legislação societária dos EUA desde os anos 1930.

O principal objetivo da lei foi recuperar a credibilidade do mercado de capitais, evitando a incidência de novos erros, como os que contribuíram para a falência de grandes empresas. Para tanto, a SOX estabeleceu um novo patamar de governança corporativa, gerando um conjunto de novas responsabilidades e sanções aos gestores, visando evitar novas fraudes.

Os atos da lei conferem relevância maior ao controle dos atos dos gestores das empresas, com impacto na relação dos proprietários, próprios gestores, funcionários e demais *stakeholders*. Para controlar e fiscalizar, a SOX estabeleceu um comitê gestor, denominado Public Company Accounting Oversight Board (PCAOB), supervisionado pela Securities and Exchange Commission (SEC), a autoridade fiscalizadora do mercado que zela pela governança corporativa das empresas.

Embora com respostas diferentes para as crises de causas parecidas, uma resposta consensual diz respeito ao fortalecimento da cultura da ética corporativa nas empresas. Assim, a ética passou a ser prioridade para as empresas, desejosas de trazerem para suas unidades um corpo de regras morais que fossem obedecidas, fiscalizadas e zeladas pelo corpo daqueles que sobrevivem das receitas das companhias. A ética empresarial, ou corporativa, preocupa-se com as responsabilidades do indivíduo em relação à empresa, e vice-versa. Cuida, ainda, de assuntos pertinentes ao mundo dos negócios, atentando para a adequação dos salários e benefícios, as condições saudáveis de trabalho, as políticas pessoais não discriminatórias, antecedidas por um apropriado esquema de recrutamento e treinamento.

O controle interno compreende o plano de organização e o conjunto coordenado dos métodos e medidas, com o objetivo de proteger o patrimônio da empresa, verificar a exatidão e a fidelidade de seus dados contábeis, promover a eficiência operacional e incentivar o cumprimento das políticas definidas pela administração. A empresa de auditoria KPMG destacou, em 2003, os principais tópicos da lei:

1 – a promoção da boa governança corporativa e práticas de negócio;
2 – o aumento na independência do auditor externo;
3 – a obrigação de ter um comitê de auditoria independente;
4 – a definição do papel de crítica de controle interno por meio de certificações e declarações;
5 – a transparência nos relatórios e nas informações aos acionistas e a restrição de trabalhos *non-audit* pelo auditor externo.

3.7.1 ESTRUTURA

A Lei Sarbanes-Oxley em seu detalhamento estabeleceu diversas regras que deveriam ser implementadas pelas empresas já a partir da sua promulgação, em 30 de julho de 2002 (SANTOS; LEMES, 2007). Lembrando, que, seu principal objetivo, como já mencionado, é estabelecer princípios mais rígidos de uma boa governança corporativa, evitando o surgimento de novas fraudes nas empresas.

As Seções 302 e 404, referentes às certificações e divulgações, respectivamente, dos controles internos foram criadas para se evitar a impunidade do presidente e dos diretores, com a alegação de que não tinham conhecimento sobre os fatos, quando uma fraude é descoberta. De forma resumida, essas seções determinam que presidente e diretores estejam conscientes dos controles internos.

A lei está estruturada em 11 títulos e 69 seções, posto que os títulos são compostos, cada um, em média, por seis seções que abordam temas específicos. A seguir, são apresentados alguns títulos da SOX, com destaque em determinadas seções consideradas relevantes para empresas brasileiras.

A Seção 302 impõe novos níveis de responsabilidade aos diretores executivos e diretores financeiros, que agora devem declarar *pessoalmente* que a divulgação dos controles e procedimentos foi implementada e avaliada.

O cumprimento de algumas determinações da Seção 302 pode parecer relativamente simples. Por exemplo, reafirmar a cada trimestre que o diretor executivo e o diretor financeiro são responsáveis pelos controles e procedimentos de divulgação tornar-se-á uma tarefa habitual. Contudo, a redação simples de outras medidas não corresponde ao nível de esforço que pode ser solicitado para o seu cumprimento, considerando, por exemplo, a exigência de que os controles e procedimentos de divulgação sejam avaliados todo trimestre. Para uma organização dinâmica que estiver criando novos produtos e serviços, concluindo fusões e aquisições, formando alianças e reorganizando divisões e departamentos, a simples logística de desenvolver, monitorar e avaliar esses controles pode rapidamente tornar-se desanimadora.

A Seção 404, por sua vez, determina uma avaliação anual dos controles e procedimentos internos para a emissão de relatórios financeiros. Como a Seção 302, ela exige que os diretores executivos e os diretores financeiros avaliem e atestem periodicamente a eficácia desses controles. Essa seção obriga as companhias a incluirem em seus relatórios anuais um relatório sobre controles internos emitido pela administração que: afirme sua responsabilidade pelo estabelecimento e pela manutenção de controles e procedimentos internos para a emissão de relatórios financeiros; avalie e atinja conclusões acerca da eficácia dos controles e procedimentos internos para a emissão de relatórios financeiros; declare que o auditor independente da companhia atestou e reportou a avaliação feita pela administração sobre seus controles e procedimentos internos para a emissão de relatórios financeiros.

Outra medida da Lei Sarbanes-Oxley, amplamente divulgada – a Seção 906 –, entrou em vigor em agosto de 2002. Essa seção exige que diretores executivos e diretores financeiros assinem e certifiquem o relatório periódico contendo as demonstrações financeiras. A certificação executiva declara que o relatório cumpre as exigências de emissão de relatórios determinadas pela SEC e que representam adequadamente a condição financeira da companhia, bem como os resultados de suas operações. O descumprimento dessa exigência tem um alto preço: multas que chegam a US$ 5 milhões e até 20 anos de prisão podem ser as penas impostas para o descumprimento intencional. Essa é uma medida que sustenta o fundamento principal da lei.

Concluindo, a SOX torna os executivos explicitamente responsáveis por estabelecer, avaliar e monitorar a eficácia da estrutura de controles internos das companhias. Na verdade, uma forte estrutura de controles internos pode ajudar uma organização a:

- tomar melhores decisões operacionais e obter informações mais pontuais;
- conquistar (ou reconquistar) a confiança dos investidores;
- evitar a evasão de recursos;
- cumprir leis e regulamentos aplicáveis;
- obter vantagem competitiva por meio de operações dinâmicas.

Inversamente, as companhias que se negam a instituir os controles exigidos podem se colocar em situações similares àquelas que levaram à promulgação da Lei Sarbanes-Oxley, o que acarretará:

- maior exposição à fraude;
- penalidades impostas pela SEC;
- publicidade desfavorável;
- impacto negativo sobre o valor do acionista;
- queixas ou outras ações judiciais impetradas por acionistas.

Dessa forma, em suma, pode-se dizer que a lei veio regular, controlar e evitar que mais corporações venham a falir por fraudes contábeis geradas pela ganância e interesses pessoais dos executivos, além de trazer mais confiança e credibilidade ao mercado, evitando a saída de investimentos.

3.7.2 EXPERIÊNCIA NO BRASIL

No Brasil, fruto de todos os movimentos mundiais em relação a esse tema, foi fundado, em 27 de novembro de 1995, o Instituto Brasileiro de Governança Corporativa (IBGC), entidade cultural de âmbito nacional sem fins lucrativos. É um dos responsáveis pela introdução e disseminação do conceito de governança corporativa no Brasil. Hoje, é a principal referência no País, com foco no desenvolvimento das melhores práticas nesse campo.

Nesse sentido, merecem destaque alguns dos principais conceitos disseminados pelo IBGC. O objetivo maior do IBGC é semear a transparência na gestão das empresas, a equidade entre os sócios, a prestação de contas e a responsabilidade corporativa. Tais posturas têm facilitado o acesso das companhias ao mercado de capitais e a atração de investidores, resultando em maior criação de valor. Além disso, têm influenciado positivamente a alta gestão das empresas não listadas em Bolsa.

O IBGC promove conferências, publicações, treinamentos e *networking* entre profissionais, contribuindo para o melhor desempenho das organizações, para a perpetuação desses negócios e, consequentemente, para o futuro do País.

Com mais de 1.100 associados, o IBGC mantém um quadro de pesquisadores e especialistas sempre atento às mudanças do universo empresarial. Por isso, firmou-se também como referência internacional em governança corporativa. Em pouco mais de uma década, o IBGC ministrou cursos de capacitação para mais de três mil executivos, empresários, conselheiros e pesquisadores.

O instituto também se destaca por ter elaborado o *Código das melhores práticas de governança corporativa*, lançado em 1999, que recebeu sua terceira atualização em 2004.

3.7.3 CONCEITOS IMPORTANTES

GOVERNANÇA CORPORATIVA

É o sistema pelo qual as sociedades são dirigidas e monitoradas, envolvendo os relacionamentos entre acionistas/cotistas, conselho e administração, diretoria, auditoria independente e conselho fiscal. As boas práticas de governança corporativa têm a finalidade de aumentar o valor da sociedade, facilitar seu acesso ao capital e contribuir para a sua perenidade.

ESTRUTURA DE PROPRIEDADE E ESTRUTURA DE CONTROLE

Correspondem à estrutura societária da empresa. A estrutura de propriedade mostra o percentual de ações de um determinado acionista em relação ao total de ações emitidas pela companhia; enquanto a estrutura de controle corresponde ao percentual de ações com direito a voto, em posse de um determinado acionista, em relação ao total de ações com direito a voto[1].

EMPRESAS FAMILIARES

Não há consenso sobre o conceito do termo "empresa familiar". O IBGC define em seu livro – *Governança corporativa em empresas de controle familiar* – casos de destaque no Brasil, como aquela cujo controle acionário (a maioria do percentual de ações votantes) se encontra em posse de um indivíduo, família ou grupo de famílias. Em resumo, as empresas podem ser classificadas, primordialmente, pela propriedade familiar, e não pela gestão familiar. São muitas as definições para governança corporativa. Entre elas, o IBGC

[1] Definição cedida pelo professor Alexandre Di Miceli da Silveira, da Faculdade de Economia, Administração e Contabilidade da Universidade de São Paulo (FEA/USP).

dissemina que governança corporativa é o sistema pelo qual as sociedades são dirigidas e monitoradas, envolvendo os relacionamentos entre acionistas/cotistas, conselho e administração, diretoria, auditoria independente e conselho fiscal. As boas práticas de governança corporativa têm a finalidade de aumentar o valor da sociedade, facilitar seu acesso ao capital e contribuir para a sua perenidade.

CÓDIGO DAS MELHORES PRÁTICAS DE GOVERNANÇA CORPORATIVA

O Código é considerado a principal referência sobre as boas práticas de governança do Brasil. O documento foi elaborado após análise de documentos similares no exterior e extensos debates entre associados do IBGC de notória reputação em governança corporativa que procuraram adaptá-lo à realidade corporativa brasileira. Está subdivido em seis capítulos, quais sejam: Propriedade (sócios), Conselho de Administração, Gestão, Auditoria Independente, Conselho Fiscal, Conduta e Conflito de Interesses. Apresenta também, conforme Quadro 1.3, os quatro princípios básicos da governança: transparência, equidade, prestação de contas (*accountability*) e responsabilidade corporativa.

Transparência	Mais do que "a obrigação de informar", a Administração deve cultivar o "desejo de informar", sabendo que da boa comunicação interna e externa, particularmente quando espontânea, franca e rápida resulta um clima de confiança, tanto internamente, quanto nas relações da empresa com terceiros. A comunicação não deve restringir-se ao desempenho econômico-financeiro, mas deve contemplar também os demais fatores que norteiam a ação empresarial.
Equidade	Caracteriza-se pelo tratamento justo e igualitário de todos os grupos minoritários, sejam do capital ou das demais partes interessadas, como colaboradores, clientes, fornecedores ou credores.
Prestação de contas	Os agentes da governança corporativa devem prestar contas de sua atuação a quem os elegeu e respondem integralmente por todos os atos que praticarem no exercício de seus mandatos.
Responsabilidade corporativa	Conselheiros e executivos devem zelar pela perenidade das organizações (visão de futuro e sustentabilidade) e, portanto, devem incorporar considerações de ordem social e ambiental na definição dos negócios e operações. Responsabilidade corporativa é uma visão mais ampla da estratégia empresarial, contemplando todos os relacionamentos com a comunidade em que a sociedade atua. A "função social" da empresa deve incluir a criação de riquezas e de oportunidades de emprego, qualificação e diversidade da força de trabalho, estímulo ao desenvolvimento científico por intermédio de tecnologia, e melhoria da qualidade de vida por meio de ações educativas, culturais, assistenciais e de defesa do meio ambiente. Inclui-se neste princípio a contratação preferencial de recursos (trabalho e insumos) oferecidos pela própria comunidade.

FONTE: Instituto Brasileiro de Governança Corporativa (2006).

QUADRO 3.3 Princípios básicos da governança

SUSTENTABILIDADE

De acordo com a Brundtland Commission (1987), sustentabilidade consiste no princípio que assegura que nossas ações de hoje não limitarão a gama de opções econômicas, sociais e ambientais disponíveis para as futuras gerações, conforme Figura 3.7.

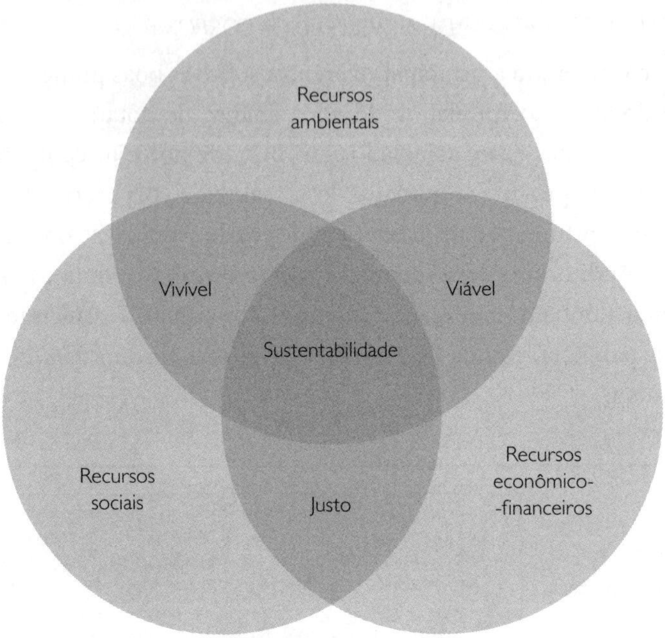

Fonte: Alledi, 2003 (adaptada de Brundtland Commission – 1987).

FIGURA 3.7 Conceito de sustentabilidade

O conteúdo do website do International Finance Corporation (IFC – www.ifc.org), braço do Banco Mundial para investimentos no setor privado, explica a relação entre a governança corporativa e a sustentabilidade. Esses temas são fundamentais para o IFC.

GERENCIAMENTO DE RISCOS

Consiste em identificação, mapeamento e listagem dos principais riscos aos quais a sociedade está exposta, sua probabilidade de ocorrência, bem como as medidas e os planos adotados para sua prevenção ou minimização. O conselho de administração deve assegurar-se de que a diretoria os identifique preventivamente, por meio de sistema de informações adequado.

Não há necessariamente uma fronteira de atuação demarcada de responsabilidade quando se trata de avaliação de riscos. Em algumas empresas, tanto a gestão de riscos quanto a auditoria interna são "ferramentas" utilizadas pelo conselho de administração, por meio do comitê de auditoria.

No contexto da gestão de riscos, destacam-se as seguintes áreas e seus focos de atuação:

Área de gestão de riscos

- definição e manutenção de gestão de riscos;
- coordenação de todas as etapas do processo de gestão de riscos;
- assessoramento aos comitês e conselhos para os assuntos relacionados à gestão de riscos;
- acompanhamento dos planos de ação;
- elaboração e coordenação dos processos de autoavaliação de riscos e controles;
- elaboração de relatórios de gestão de riscos, incluindo a divulgação de indicadores de riscos.

Gestão da empresa

- identificar e avaliar riscos existentes na sua esfera de atuação;
- sugerir posicionamento em relação aos riscos para o comitê executivo;
- implementar planos de ação definidos para sua esfera de atuação;
- mensurar indicadores de riscos definidos;
- implementar recomendações efetuadas pela auditoria interna.

Auditoria interna

- elaborar testes para aferição da qualidade dos modelos adotados no contexto da gestão de riscos;
- certificar controles existentes;
- certificar a implementação dos planos de ação definidos;
- indicar potenciais riscos (estratégicos, operacionais, financeiros, ambientais etc.);
- elaborar relatórios de recomendações de melhoria para a gestão de riscos.

3.8 PMBOK®

O Project Management Body of Knowledge, também conhecido como PMBOK®, é um conjunto de referências para práticas em gerência de projetos levantado pelo Project Management Institute (PMI) e constitui a base da metodologia de gerência de projetos do PMI. Essas práticas são compiladas na forma de um guia, chamado de *Guia do conjunto de conhecimentos em gerenciamento de projetos*, ou *Guia PMBOK®*.

Seu objetivo principal é identificar e descrever o conhecimento e as práticas aplicáveis na maioria das vezes em grande parte dos projetos e que tenham um consenso quanto à validade e utilidade.

3.8.1 FUNDAMENTOS

O *Guia PMBOK®* identifica um subconjunto do conjunto de conhecimentos em gerenciamento de projetos que seria amplamente reconhecido como boa prática na maioria dos projetos na maior parte do tempo, sendo, em razão disso, utilizado como base pelo Project Management Institute (PMI). Uma boa prática não significa que o conhecimento e as práticas devem ser aplicadas uniformemente a todos os projetos sem considerar se são ou não apropriados.

O guia também fornece e promove um vocabulário comum para se discutir, escrever e aplicar o gerenciamento de projetos, possibilitando o intercâmbio eficiente de informações entre os profissionais de gerência de projetos. Ele é baseado em processos, ou seja, uma subdivisão em processos foi adotada para descrever de forma organizada o trabalho a ser realizado durante o projeto. Essa abordagem se assemelha à empregada por outras normas, como a ISO 9000 e o Capability Maturity Model Integration (CMMI), do Software Engineering Institute (SEI). Os processos descritos se relacionam e interagem durante a condução do trabalho, e a descrição de cada um deles é feita em termos de: entradas (documentos, planos, desenhos etc.), ferramentas e técnicas (que se aplicam às entradas), e saídas (documentos, produtos etc.).

A versão 2004 do guia cita 44 processos, dispondo-os em cinco grupos de processos e nove áreas de conhecimento. O conhecimento de gerenciamento de projetos, descrito no *Guia PMBOK®*, consiste em:

- Definição do ciclo de vida e da organização de um projeto.
- Descrição dos cinco grupos de processos de gerenciamento de projetos:
    - grupo de processos de iniciação;
    - grupo de processos de planejamento;
    - grupo de processos de execução;
    - grupo de processos de monitoramento e controle;
    - grupo de processos de encerramento.
- Descrição das nove áreas de conhecimento:
    - gerenciamento de integração do projeto;
    - gerenciamento do escopo do projeto;
    - gerenciamento de tempo de projeto;

- gerenciamento de custos do projeto;
- gerenciamento da qualidade do projeto;
- gerenciamento de recursos humanos do projeto;
- gerenciamento das comunicações do projeto;
- gerenciamento de riscos do projeto;
- gerenciamento de aquisições do projeto.

3.8.2 ESTRUTURA

Um projeto é realizado por meio da integração da gerência de projeto. O PMBOK® utiliza uma variação do Ciclo Deming (PDCA), conforme apresentado na Figura 3.8, para a melhoria contínua com cinco etapas no ciclo de vida do projeto.

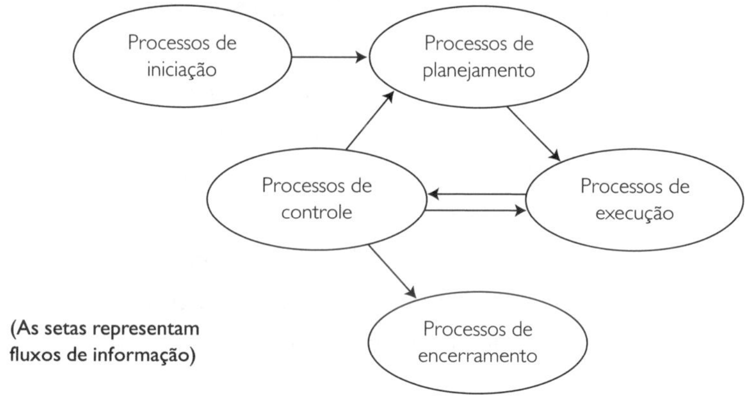

FONTE: PMBOK® (2002).

FIGURA 3.8 Ciclo Deming adaptado para PMBOK®

3.9 CMMI

Ao final da década de 1970 e início dos anos 1980, o governo norte-americano, principalmente por meio do Departamento de Defesa, identificou uma crise de qualidade e produtividade nas empresas de desenvolvimento de sistemas. Entre as diferentes respostas a esse problema, foi criado em 1984 o Software Engineering Institute, instituto de pesquisa vinculado à Carnegie Mellon University. O SEI tinha como missão institucional "liderar tecnicamente o avanço das práticas de engenharia de software para possibilitar ao Departamento de Defesa Americano adquirir e sustentar seus sistemas com propriedade e melhoria de custos, prazo e qualidade" (SEI, 2005).

Entre os produtos do SEI, destaca-se o modelo de referência Capability Maturity Model (CMM). O CMM é um modelo que visa preconizar uma estrutura de trabalho voltada para auxiliar as organizações na melhoria da maturidade de seus processos. Tendo sua primeira versão desenvolvida em 1991, o CMM foi baseado nas melhores práticas das empresas de software e vem atuando nas áreas de concentração de engenharia de software, engenharia de projetos e desenvolvimento de sistemas.

O uso do CMM por diferentes empresas de desenvolvimento de sistemas e de outras áreas de negócio associadas à Tecnologia da Informação resultou no desenvolvimento de outros modelos de referência, relacionados às demandas específicas (SEI, 2005):

- *Software Acquisition Capability Maturity Model (SA-CMM)* – modelo desenvolvido com a finalidade de *benchmarking* e melhoria dos processos de aquisição de software. Utiliza a estrutura do CMM com ênfase nas questões de aquisição, incluindo esforços de planejamento e gerenciamento desta.
- *People Capability Maturity Model* (*People CMM*) – modelo com *framework* que visa auxiliar os usuários do CMM a introduzirem práticas de gerenciamento das questões críticas relacionadas às pessoas. O *People CMM* busca a melhoria da organização no gerenciamento e desenvolvimento da força de trabalho.
- *Capability Maturity Model Integration (CMMI)* – último modelo de Capability Maturity desenvolvido pelo SEI, o CMMI busca ampliar a estrutura original do CMM com a introdução dos conceitos de Engenharia de Sistemas e Integração de Projetos, propondo um modelo global e sistêmico para as especificidades das organizações de desenvolvimento de sistemas.

3.9.1 FUNDAMENTOS

O CMMI ajuda a organização a aprimorar seus processos e a se tornar mais madura e eficiente. Os modelos de capacidade e maturidade permitem prever o comportamento de um determinado processo diante do cenário ao qual o projeto se encontra. Em resumo, é possível saber se o projeto será ou não bem-sucedido. Quanto à organização, ele é capaz de ajudá-la a conhecer tanto a si própria quanto seu desempenho.

O CMMI é dividido em cinco níveis de maturidade, conforme Figura 3.9, representados a seguir:

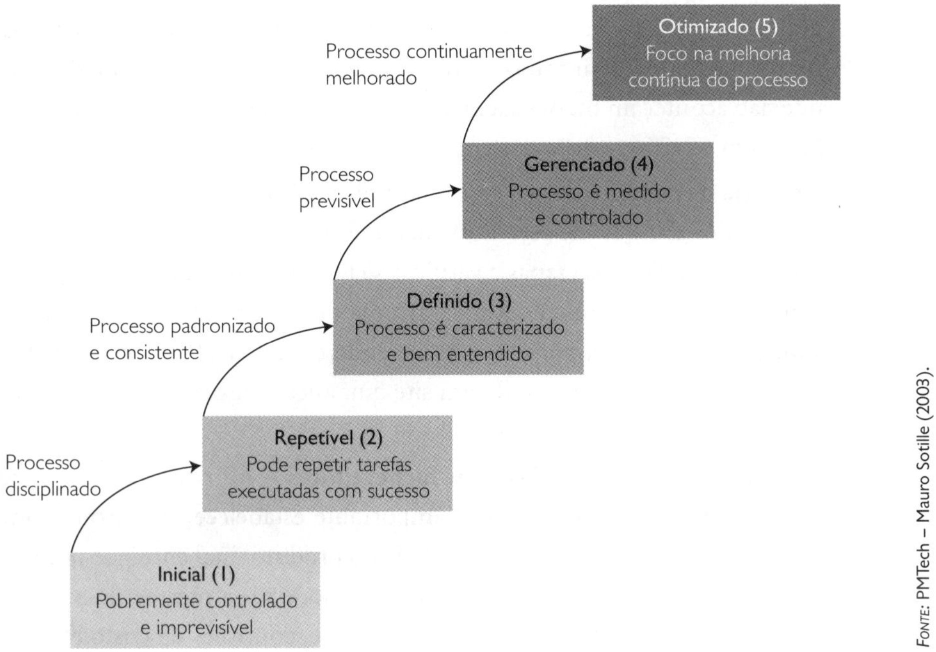

FIGURA 3.9 Níveis de maturidade do CMMI

3.9.2 APLICAÇÕES

- **Gerência de requisitos** – entender e documentar formalmente todas as solicitações do cliente e os propósitos e "desenho" do website que será criado.
- **Planejamento de projetos** – estabelecer e documentar os objetivos do projeto, as entradas e o produto final a ser entregue. Definir os responsáveis por cada etapa do processo de criação. Fixar um cronograma para o projeto.
- **Acompanhamento de projetos** – reportar e observar o andamento do projeto, acompanhar o cronograma e as entregas. Agir, no caso de atrasos, e informar possíveis problemas e/ou atrasos para o cliente.
- **Garantia da qualidade do processo e do produto** – ao final de cada entrega, avaliar e documentar os testes do que já foi entregue. Pôr à prova cada componente separadamente, segundo os requisitos que foram passados e, depois, executar um teste do "todo".

- **Medição e análise** – avaliar a produtividade da sua equipe, baseado no cronograma e no tempo gasto para cada entrega. Medir o número de defeitos que foram corrigidos, bem como em que pontos ocorreram, no intuito de agir para que não aconteçam mais. Calcular as horas previstas × horas trabalhadas para se ter um cenário realista dos custos do projeto.
- **Gerência de configuração** – gerenciar toda a entrega e "instalação" do website no servidor em que ele será hospedado. É interessante, nesse caso específico, fazer um *checklist* das etapas e verificar se foram corretamente seguidas. Nessa etapa, também é recomendável gerar uma documentação com os dados relevantes para o cliente, por exemplo, os endereços de FTP, senhas, estrutura de diretórios do site e, no caso de um site dinâmico, anexar um pequeno manual de como atualizar as seções do website.
- **Gerenciamento de acordos com fornecedores** – no caso de você dividir o trabalho com outras empresas, é importante estabelecer um cronograma de entregas e fazer o controle de qualidade do produto final entregue por seu fornecedor. A estrutura de acompanhamento pode ser a mesma do seu próprio projeto (com cronograma, evidências de teste, controles de custo etc.) ou somente um macrocontrole de entrega com datas previstas × realizadas. Lembre-se de que as datas de entrega do seu fornecedor impactam diretamente no cronograma do seu projeto.

3.10 COSO

O Committee of Sponsoring Organizations of the Treadway Commission (COSO) é uma organização privada, criada nos EUA em 1985 para prevenir e evitar fraudes nas demonstrações contábeis da empresa.

Inicialmente criada como National Commission on Fraudulent Financial Reporting (em português, Comissão Nacional sobre Fraudes em Relatórios Financeiros), essa comissão era formada por representantes das principais associações de classes de profissionais ligados à área financeira. O primeiro objeto de estudo da comissão foram os controles internos da empresas. Essa comissão, posteriormente, tornou-se um comitê e passou a se chamar Committee of Sponsoring Organizations of the Treadway Commission (COSO – em português, Comitê das Organizações Patrocinadoras).

O COSO é uma organização sem fins lucrativos, dedicada à melhoria dos relatórios financeiros, sobretudo pelo exercício da ética, efetividade na aplicação desta e cumprimento dos controles internos; além disso, é patrocinada por cinco das principais associações de classe de profissionais ligados à área financeira nos EUA.

Em decorrência da globalização e padronização internacional das técnicas de auditoria, as recomendações do COSO relativas ao controle interno, bem como seu cumprimento e observância, são amplamente praticadas e tidas como modelo e referência no Brasil e na maioria dos países do mundo.

A Figura 3.10, a seguir, ilustra os *frameworks* representativos do modelo COSO.

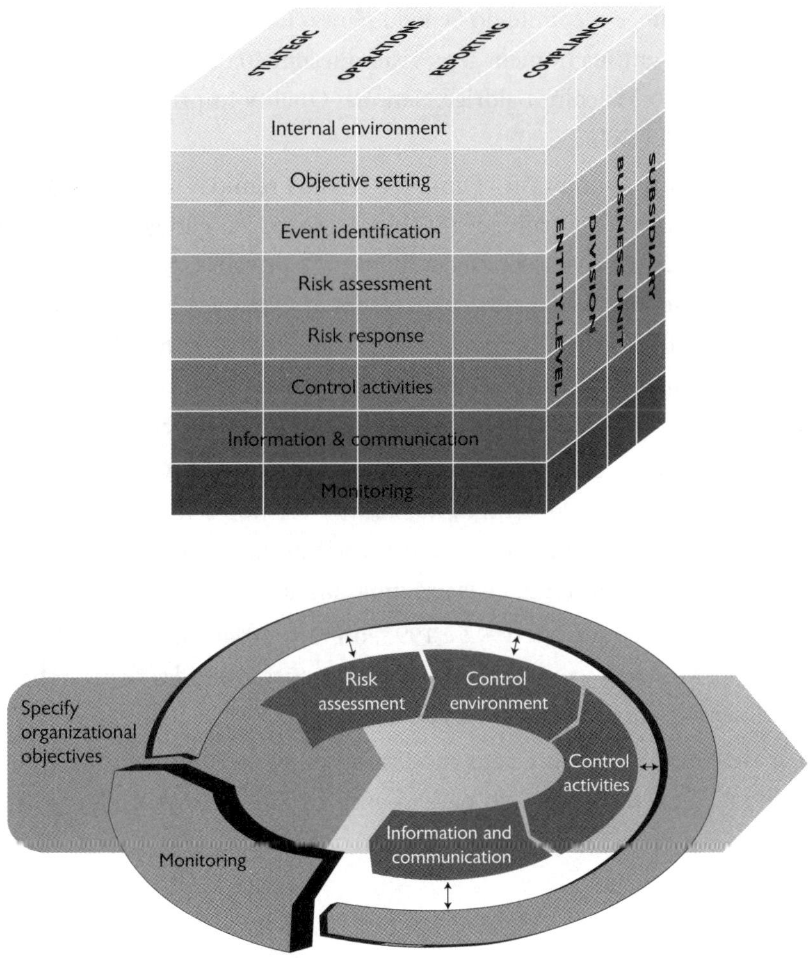

FONTE: Adaptada de COSO Enterprise Risk Management — Integrated Framework (2004) e COSO Guidance on Monitoring Internal Control System (2009).

FIGURA 3.10 Modelos representativos do COSO

3.11 MODELO DE EXCELÊNCIA DA GESTÃO® (MEG)

O Modelo de Excelência da Gestão® (MEG) da FNQ tem sua origem no Malcolm Baldrige National Quality Award (MBNQA). A ideia do prêmio MBNQA começa no início da década de 1980, como resposta à competitividade industrial norte-americana ameaçada pelos japoneses. Conforme citado no item 1.2, a pesquisa da McKinsey & Company e o relatório final de sete conferências patrocinadas pelo APQC foram decisivas para sua criação.

Foi o Secretário do Comércio da administração Reagan que acabou dando o "empurrão" final que criou o prêmio norte-americano da qualidade. Filho de um deputado de Nebraska, Malcolm Baldrige ganhou a reputação de excelente administrador quando foi superintendente da Scovill, Inc. (usina de latão com sede em Connecticut). Malcolm morreu em um acidente, e o comitê do Senado para o Comércio, Ciência e Transporte renomeou a legislação em sua homenagem, visto que, em 20 de agosto de 1987, o presidente Reagan assinou o Malcolm Baldrige National Quality Improvement Act de 1987, transformando-o em lei (NIST, 2009).

Em 1991, foi instituída no Brasil a Fundação para o Prêmio Nacional da Qualidade® (atual Fundação Nacional da Qualidade – FNQ), organização não governamental, sem fins lucrativos, fundada por 39 organizações, públicas e privadas, para administrar uma premiação semelhante ao Malcolm Baldrige National Quality Award (FNQ, 2009). O prêmio foi denominado Prêmio Nacional da Qualidade® (PNQ), inicialmente uma tradução do prêmio norte-americano. Hoje, a FNQ possui mais de 300 organizações filiadas (setores público e privado), que empregam mais de 2 milhões de pessoas (FNQ, 2009).

Nossa participação na FNQ, como integrantes do Comitê de Critérios, Instrutor e Examinador do PNQ desde 2000, e um de nós como Gerente Técnico e, posteriormente, Superintendente Geral, permitiu vivenciar a trajetória de amadurecimento desse modelo de referência, a qual será resumida nas próximas linhas.

Inicialmente, entre os anos de 1992 e 1995, o Prêmio Nacional da Qualidade® era uma tradução do MBNQA, com pequenas modificações inseridas. Esse trabalho era conduzido pelo então Comitê de Critérios de Excelência.

A partir de 1995, foram inseridas modificações nos Critérios de Excelência do PNQ (documento-base de orientação para as empresas), decorrentes de informações de gestores, programas governamentais, bem como de *feedback* de examinadores e participantes. As propostas de modificações eram julgadas pela FNQ antes de serem inseridas.

Em 2000, o Comitê de Critérios, cuja responsabilidade era de analisar as sugestões enviadas, referenciais teóricos e o *benchmarking* com outros modelos similares, estruturando as modificações no PNQ, teve sua forma de atuação modificada, passando a contar com um número maior de membros, entre o grupo de trabalho e os correspondentes. O Comitê de Critérios é composto por especialistas de empresas usuárias do MEG, consultores e membros da academia, formalmente convidados pela FNQ.

Também em 2000, o PNQ diferencia-se substancialmente do MBNQA, com a introdução de conhecimentos advindos dos modelos australiano, europeu e mexicano.

Em 2003, o processo de revisão do MEG tornou-se mais robusto, com a instituição do Fórum Empresarial e dos processos de validação com empresas e examinadores. O Fórum Empresarial é uma reunião que tem por objetivo analisar o modelo vigente e propor sugestões de melhoria, principalmente para os Fundamentos da Excelência. Esse fórum conta com a participação de representantes da alta direção das principais empresas do País, representantes da FNQ e membros do Comitê de Critérios.

Ainda em 2003, a FNQ se inseriu no Improvement Day (*workshop* para discussão do MBNQA) e foi a organização que apoiou a formalização da Rede Ibero-Americana para Excelência da Gestão (Redibex), passando a ter, dessa forma, dois grandes canais para troca de experiências internacionais.

A partir de 2004, o Comitê de Critérios passou a atuar segundo um novo método de atualização do MEG, conforme Figura 3.11, definido por etapas formais que resgatam a preocupação na definição de requisitos alinhados aos Fundamentos de Excelência. Esse método trouxe também uma maior ênfase no modelo de referência em lugar da preocupação com o instrumento de avaliação (PNQ). Assim, a documentação da FNQ passou a indicar explicitamente o Modelo de Excelência em Gestão® (MEG).

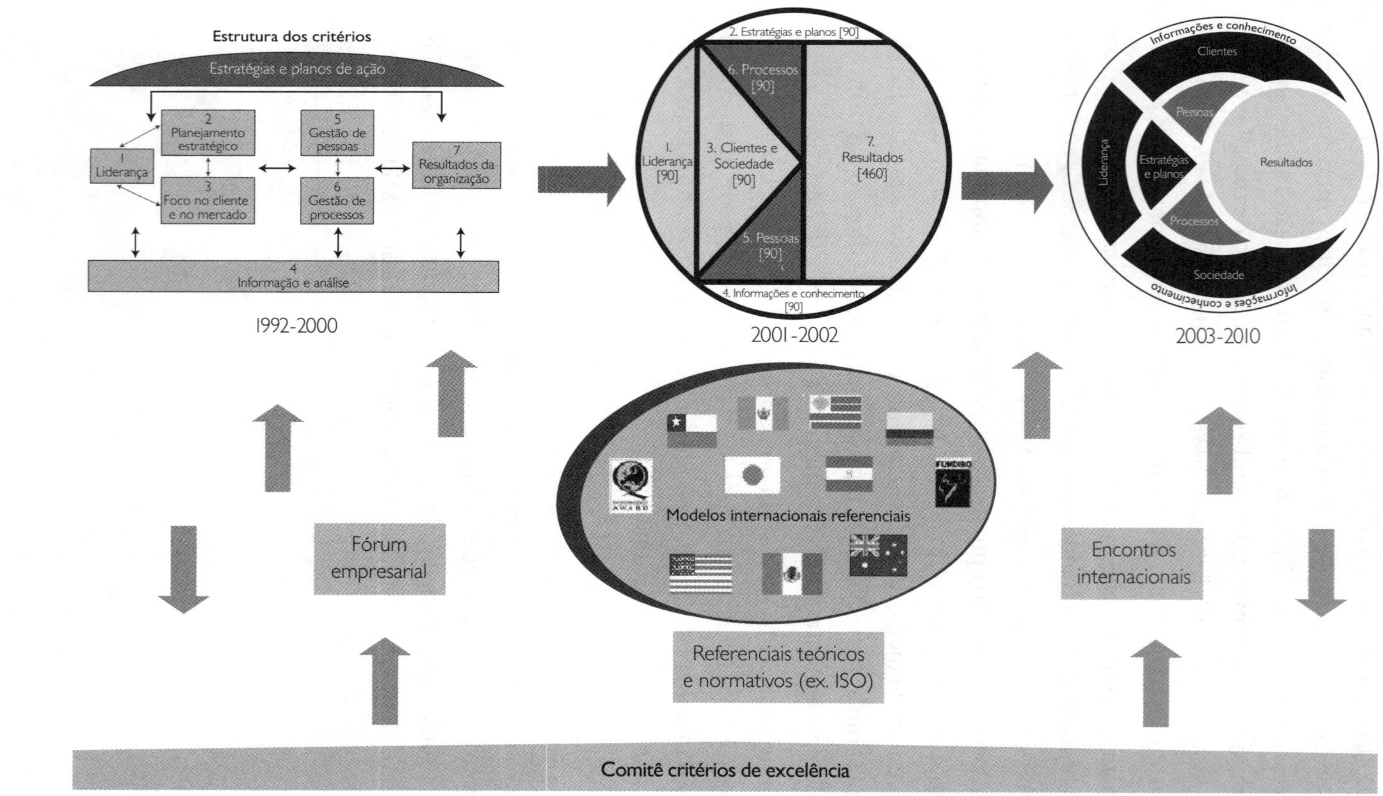

FONTE: FNQ (2009).

FIGURA 3.11 Evolução do Modelo de Excelência da Gestão®

Ainda em 2004, a FNQ se integra ao Global Excellence Model e pela primeira vez participa do GEM Meeting, representando, inclusive, todos os movimentos ibero-americanos.

Em dezembro de 2007, fruto da percepção do desenvolvimento brasileiro na atualização do MEG e da mobilização realizada no Brasil em prol da excelência em gestão, pela primeira vez a GEM Meeting é realizada em um país ibero-americano, fato que ocorreu em São Paulo, nas instalações da Fundação Nacional da Qualidade.

Assim, pode-se concluir que o MEG da FNQ é um modelo que parte de um conjunto de Fundamentos de Excelência identificados com base em três aspectos: (a) trajetória histórica do próprio modelo; (b) informações levantadas em *benchmarking* com outros modelos de referência, publicações acadêmicas, pesquisas nacionais e internacionais etc.; e (c) demandas e informações levantadas nas empresas, principalmente no Fórum Empresarial. Os fundamentos, por sua vez, são analisados pelo Comitê de Critérios, por vezes apoiados por grupos temáticos constituídos temporariamente na FNQ, ABNT ou outra entidade similar, e desdobrados em requisitos e fatores de avaliação. O conjunto de requisitos que expressa os fundamentos é, então, reunido em uma lógica integrada de execução que conforma o MEG.

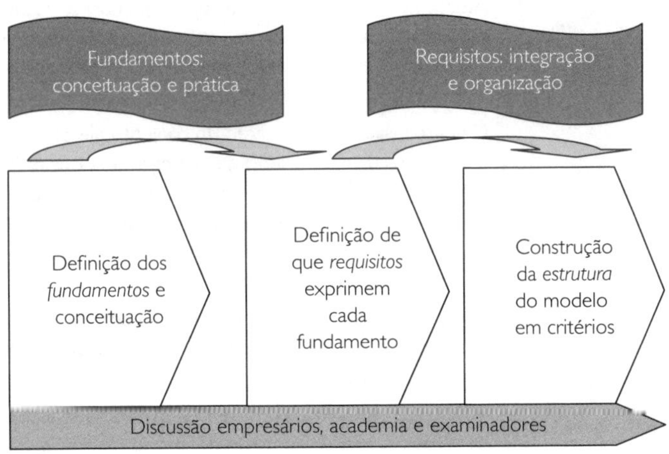

FONTE: FNQ (2009).

FIGURA 3.12 Método de atualização do MEG

O MEG está baseado em um conjunto de Fundamentos de Excelência, que constituem os alicerces sobre os quais as organizações devem estruturar seu modelo de gestão, e em um método de melhoria contínua, explicado mais adiante. Em função de sua flexibilidade e simplicidade de linguagem, e, principalmente, **por não prescrever ferramentas e práticas de gestão específicas**, o MEG é útil para avaliação, diagnóstico e orientação de qualquer tipo de organização de porte pequeno, médio ou grande, no setor público ou privado, com ou sem finalidade de lucro (PAGLIUSO; CARDOSO, 2005).

Os Fundamentos de Excelência atualmente identificados no MEG estão expressos no Quadro 3.4. Esses fundamentos são desdobrados em requisitos ou fatores de avaliação, que são reunidos em itens e critérios de acordo com a lógica processual de gerenciamento de uma organização, conforme mostra a Figura 3.13.

Fundamento	Conceito
Pensamento sistêmico	Entendimento das relações de interdependência entre os diversos componentes de uma organização, bem como entre a organização e o ambiente externo.
Aprendizado organizacional	Busca e alcance de um novo patamar de conhecimento para a organização por meio de percepção, reflexão, avaliação e compartilhamento de experiências.
Cultura da inovação	Promoção de um ambiente favorável à criatividade, experimentação e implementação de novas ideias que possam gerar um diferencial competitivo para a organização.
Liderança e constância de propósitos	Atuação dos líderes de forma aberta, democrática, inspiradora e motivadora das pessoas, visando ao desenvolvimento ininterrupto da cultura da excelência, à promoção de relações de qualidade e à proteção dos interesses das partes envolvidas.
Orientação por processos e informações	Compreensão e segmentação do conjunto das atividades e processos da organização que agregam valor às partes interessadas, sendo que a tomada de decisões e a execução de ações deve ter como base a medição e análise do desempenho, levando-se em consideração as informações disponíveis, além de incluir os riscos identificados.
Visão de futuro	Compreensão dos fatores que afetam a organização, seu ecossistema e o ambiente externo a curto e longo prazos, visando à sua perenização.
Geração de valor	Alcance de resultados consistentes, assegurando a perenidade da organização pelo aumento de valores tangível e intangível de forma sustentada para todas as partes interessadas.
Valorização das pessoas	Estabelecimento de relações com as pessoas, criando condições para que elas realizem-se profissional e humanamente, maximizando seu desempenho por meio de comprometimento, desenvolvimento de competências e espaço para empreender.
Conhecimento sobre o cliente e o mercado	Conhecimento e entendimento do cliente e do mercado, visando à criação de valor de forma sustentada para o cliente e, consequentemente, gerando maior competitividade nos mercados.

(continua)

(continuação)

Desenvolvimento de parcerias	Desenvolvimento de atividades em conjunto com outras organizações, potencializando competências complementares de cada uma e a atuação conjunta, e buscando benefícios para as partes envolvidas.
Responsabilidade social	Atuação que se define pela relação ética e transparente da organização com todos os públicos com os quais se relaciona, estando voltada para o desenvolvimento sustentável da sociedade, preservando recursos ambientais e culturais para gerações futuras, respeitando a diversidade e promovendo a redução das desigualdades sociais como parte integrante da estratégia da organização.

Fonte: FNQ (2010).

QUADRO 3.4 Fundamentos da Excelência em gestão

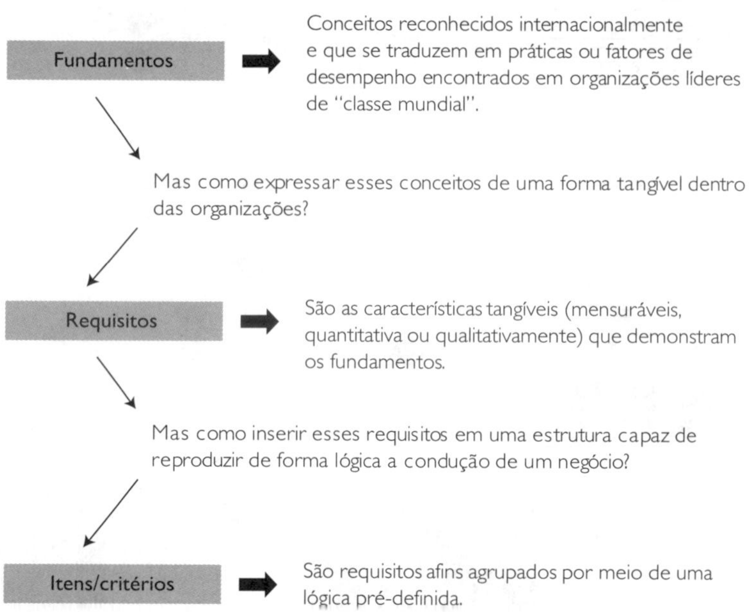

Fonte: FNQ (2009).

FIGURA 3.13 Lógica de desdobramento dos Fundamentos de Excelência

A Figura 3.14 apresenta o resultado final do desdobramento dos fundamentos em itens, critérios e fatores de avaliação. Pode-se observar que existem fundamentos que são prioritariamente desdobrados em requisitos e, por conseguinte, mais correlacionados com algum item ou critério. Outros, por sua vez, são desdobrados em fatores de avaliação, havendo questões específicas inseridas como requisitos de determinados critérios.

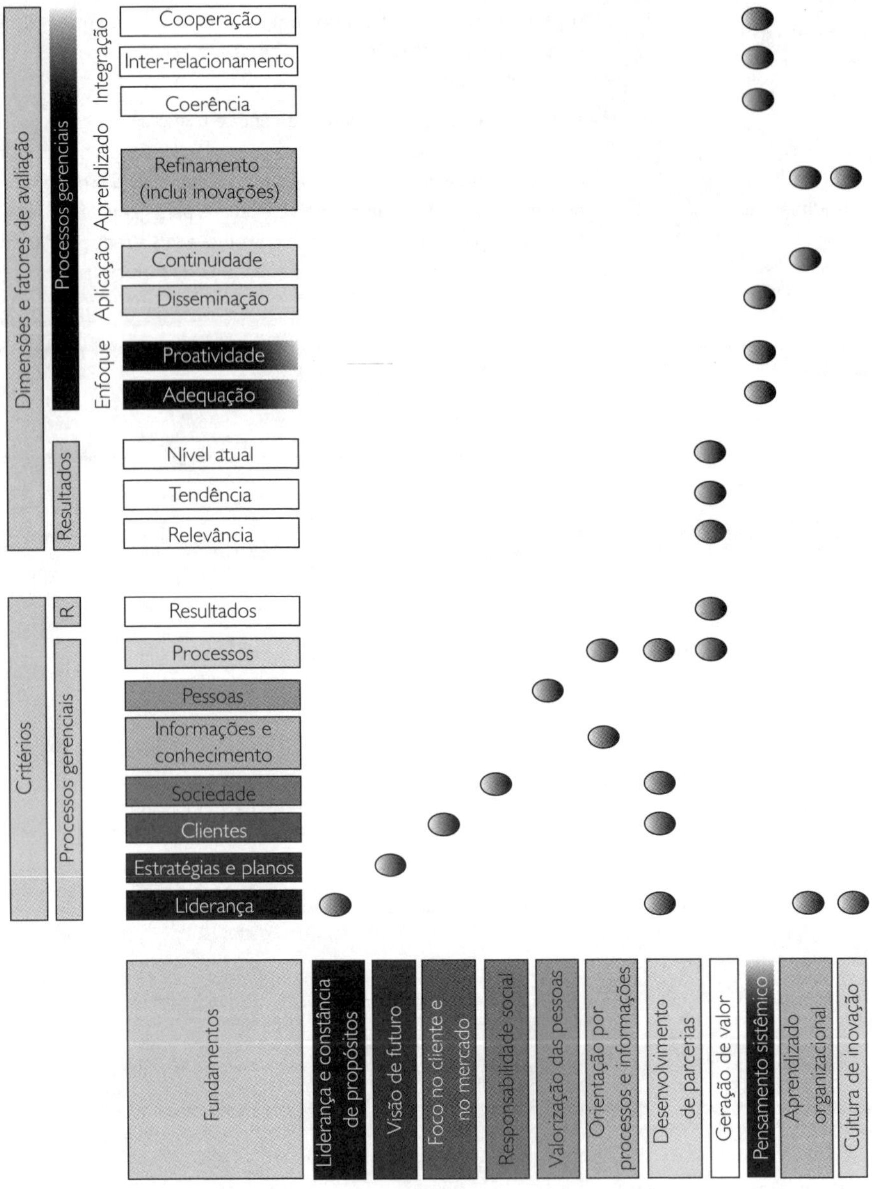

FONTE: FNQ (2009).

FIGURA 3.14 Correlação entre fundamentos, critérios e fatores de avaliação

Os critérios e itens são explicitados segundo uma lógica que expõe as inter-relações existentes entre eles, esperada para a gestão de uma organização de classe mundial. O diagrama de representação do MEG é a explicitação principal do modelo de referência, conforme se vê na Figura 3.15.

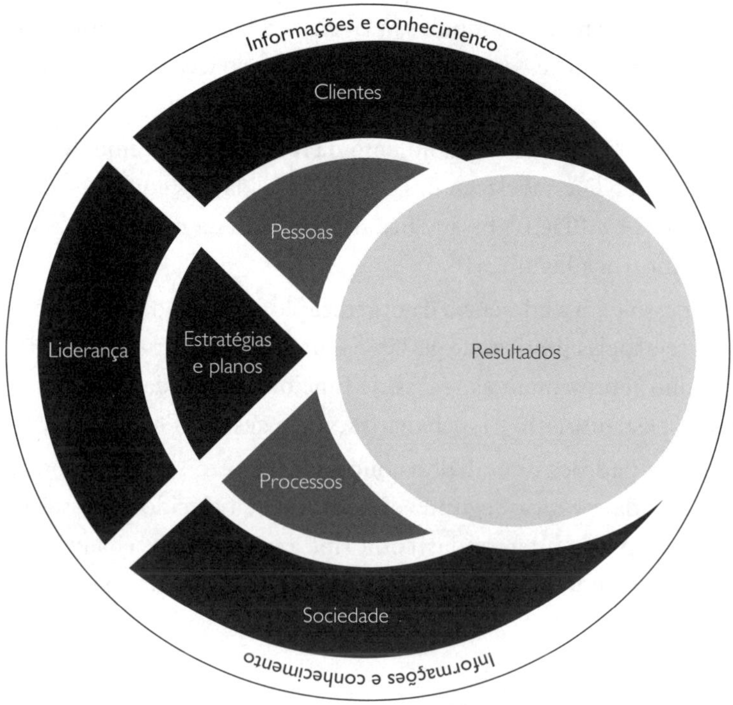

FONTE: FNQ (2010).

FIGURA 3.15 Representação do Modelo de Excelência da Gestão®

De acordo com a FNQ (2006), a organização pode ser considerada um sistema orgânico, adaptável ao ambiente externo. Os vários elementos do modelo encontram-se imersos em um ambiente de informação e conhecimento, relacionando-se de forma harmônica e integrada, voltados para a geração de resultados. O funcionamento do MEG enquanto modelo de melhoria contínua é explicado pelo conceito do PDCL[2].

A representação pode, então, ser entendida segundo esta lógica (FNQ, 2010): o direcionamento da organização, dado pela **liderança**, ouvindo os **clientes** e a **sociedade**, é definido por meio das **estratégias** e **planos**; a sua implementação é realizada por meio das **pessoas**, que compõem a força de trabalho, utilizando-se dos **processos** existentes na organização; e todo esse ciclo, ao ser executado, deverá conduzir a **resultados**, que devem ser analisados e entendidos, gerando **informações** e **conhecimento** para serem utilizados no processo de tomada de decisão, o que produzirá um novo ciclo de gestão.

[2] PDCL – *Plan* (Planejar), *Do* (Executar), *Check* (Avaliar) e *Learn* (Aprender).

Além dessa lógica, a construção da figura que representa o MEG também teve sua inspiração em um dos principais símbolos brasileiros, a Bandeira Nacional, em que para cada cor ou conjunto de cores da figura existe uma correlação com o significado das cores da nossa bandeira.

A fim de buscar o completo entendimento da forma de atendimento aos requisitos inseridos no MEG, a FNQ estabeleceu uma lógica baseada nos conceitos de duplo ciclo de aprendizado, PDCA e PDCL[3]. Essa lógica foi apresentada por meio do diagrama de gestão, conforme mostra a Figura 3.16.

O primeiro passo para a aderência da organização ao MEG dá-se por meio do enfoque adotado, ou seja, pelas práticas de gestão e seus respectivos padrões de trabalho. Os padrões de trabalho representam as regras de funcionamento das práticas de gestão e, portanto, ajudam a estruturação e a sistematização da gestão (FNQ, 2010).

As práticas e os padrões de trabalho concebidos devem ser aplicados. A aplicação consiste na execução das práticas segundo os padrões estabelecidos, abrangendo processos, produtos, áreas e partes interessadas, conforme a natureza de cada prática analisada. Essa aplicação compreende ainda o uso continuado, ou seja, de maneira periódica e ininterrupta (FNQ, 2010).

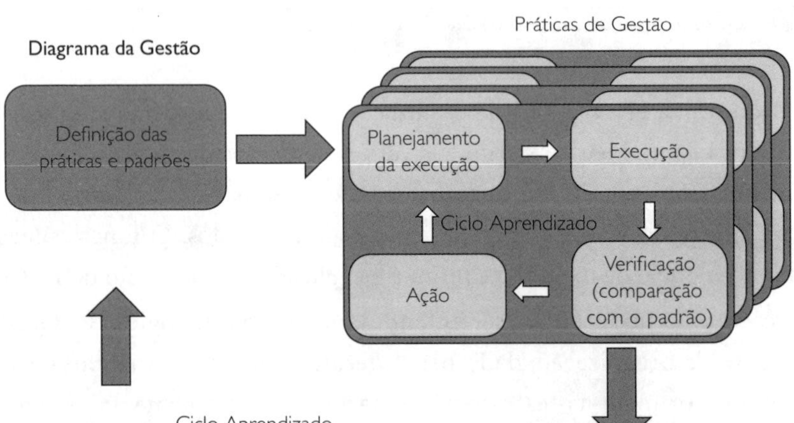

Fonte: Adaptada da FNQ (2010).

FIGURA 3.16 Diagrama da gestão preconizado no MEG da FNQ

[3] Expressa lógica de reunião do PDCA (*Plan, Do, Check, Act*) com o PDCL (*Plan, Do, Check, Learn*).

Na Figura 3.16, o ciclo menor representa o controle da execução das práticas (desde o planejamento de sua execução) que assegure o cumprimento dos padrões de trabalho. O ciclo de controle tem papel fundamental à medida que fornece a garantia de que o processo de gestão é repetitivo, segundo padrões, e reflete a prática idealizada, possibilitando concluir sobre correlações entre práticas de gestão idealizadas e resultados reais. A existência do ciclo maior representa o efeito do aprendizado organizacional nas práticas de gestão, melhorando seus padrões ou a prática como um todo (FNQ, 2009). Isso não significa que no ciclo menor a organização também não melhore suas práticas, ou seja, existe uma melhoria que podemos defini-la como incremental.

Por fim, a FNQ (2009) ressalta que esse diagrama representa uma sugestão lógica de execução, e não temporal. Em outras palavras, o aprendizado pressupõe a execução completa dos dois ciclos de forma integrada e colaborativa, e não a existência da obrigatoriedade de prazos distintos de tempo para suas execuções.

Alguns outros relatos de líderes de expressivas organizações brasileiras podem ser destacados, reforçando qualitativamente a indicação da relevância do MEG da FNQ na orientação das organizações brasileiras, conforme Quadro 3.5.

Líder	Relato	Fonte
Gerson Alves Menezes – gerente-geral da Belgo Monlevade (2006)	"O modelo da FNQ proporciona um autodiagnóstico, levando-nos à contínua reflexão e à identificação de oportunidades para melhoria."	FNQ, 2006
Jaime Sartori – diretor superintendente da Politeno (2002)	"Os Critérios de Excelência do PNQ ajudaram a consolidar nosso modelo de gestão..."	FNQ, 2006
Murilo César Passos – presidente da Bahia Sul Celulose (2001)	"Adotar os Critérios de Excelência e conquistar o PNQ trouxe benefícios fantásticos para nossa empresa."	FNQ, 2006
Luiz Ernesto Gemignani – diretor presidente da Promon (atual)	"Precisamos atingir patamares ainda mais elevados de desempenho e competitividade, em sintonia com as exigências do mercado. Uma das ações foi aprofundar a aplicação do Modelo de Excelência da Gestão®, preconizado pela FNQ..."	FNQ, 2006
Wilson Ferreira Jr. – presidente da CPFL (atual)	"Conseguimos melhorar o que já era bom, adotando os Critérios de Excelência da FNQ."	FNQ, 2005b
Elcio Aníbal de Lucca – presidente da Serasa (2005)	"Nossa evolução tem alicerces fincados no modelo de gestão alinhado aos Critérios de Excelência em Gestão. É um desenvolvimento sólido, bem fundamentado e estruturado, que nos permite seguir crescendo."	FNQ, 2005b

Fonte: FNQ, Revistas Classe Mundial.

QUADRO 3.5 Relatos sobre a utilização do MEG da FNQ

3.12 MODELOS REGIONAIS

Em 1996, a Fundação Nacional da Qualidade, com a experiência adquirida nos primeiros anos do processo de avaliação do Prêmio Nacional da Qualidade® e da vivência bem-sucedida do Programa Gaúcho da Qualidade e Produtividade (PGQP), criou derivados do referencial de excelência: os critérios de avaliação Primeiros Passos para a Excelência, um instrumento que apresentava uma sistemática de avaliação simplificada e servia, principalmente, como um modelo de referência para as organizações interessadas no desenvolvimento e aperfeiçoamento de seu sistema de gestão na busca por melhores resultados.

Esse documento passou a ser utilizado como uma referência para avaliação utilizada nos prêmios estaduais, municipais e setoriais, com ajustes e adaptações particulares e necessárias a cada situação.

Em 2002, a FNQ lançou a Rede Nacional da Gestão Rumo à Excelência, com o objetivo de buscar de forma colaborativa a disseminação conjunta do MEG como referencial de gestão para todos os tipos de organização, otimizando, assim, os esforços individuais de atualização dos critérios de avaliação e dos cursos de capacitação de examinadores e avaliadores, ou seja, um dos desafios da Rede foi unificar as informações e ferramentas utilizadas pelos vários prêmios existentes no Brasil.

Para cumprir esse objetivo, sempre tendo como base referencial o MEG, em 2004, foram desenvolvidos dois instrumentos de avaliação simplificados no seu conteúdo e utilizando faixas de pontuação de 250 e 500 pontos.

Desse esforço conjunto, desde 2005, a FNQ passa a publicar, em substituição aos Primeiros Passos para a Excelência, os critérios de avaliação Rumo à Excelência, contendo os instrumentos de avaliação 250 e 500 pontos, derivados do Critério de Excelência (1.000 pontos). Ainda fruto desse trabalho, também em 2005, em conjunto com o Movimento Brasil Competitivo e com o Sebrae, cria-se o Prêmio MPE Brasil (denominação atual desse prêmio) que visa levar para todas as micro e pequenas empresas o MEG em uma versão ainda mais simplificada. Na Figura 3.17 é possível ver os referenciais avaliatórios aplicados no Brasil, assim como, na Figura 3.18, a rede que atualmente existe em nosso país.

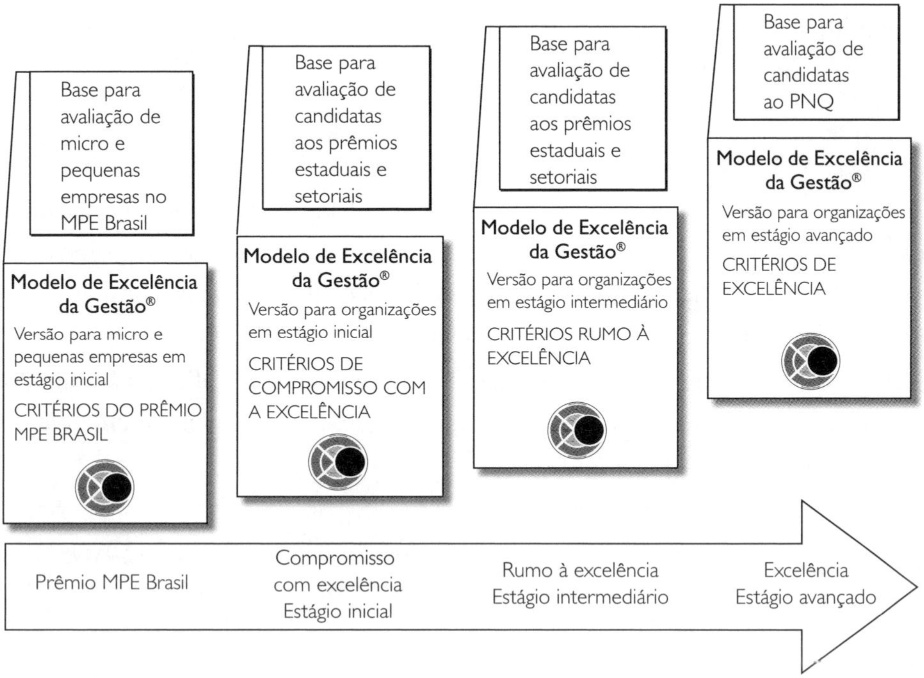

Fonte: FNQ (2009).

FIGURA 3.17 Modelos avaliatórios baseados no MEG existentes no Brasil

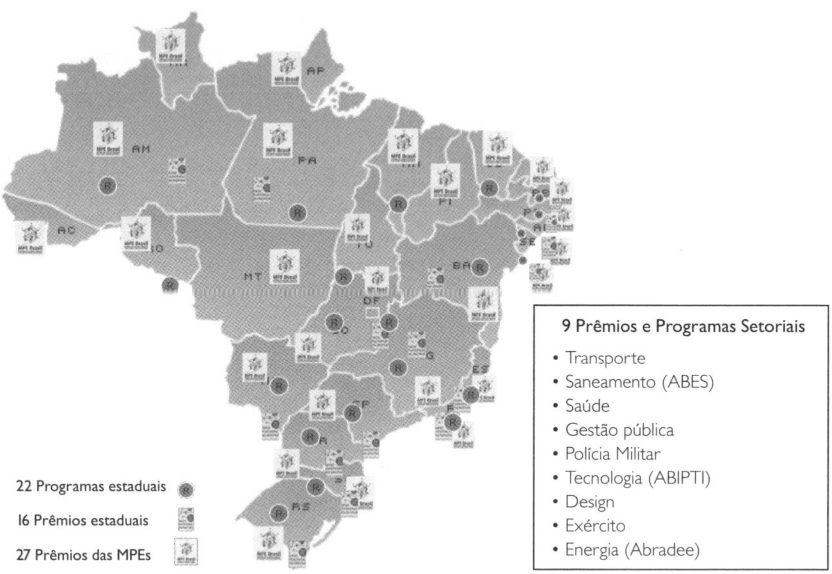

Fonte: FNQ (2009).

FIGURA 3.18 Rede nacional da gestão rumo à excelência

Fruto desse trabalho, em 2007, na reunião do Global Excellence Model, em São Paulo, o Brasil passou a ser *benchmark* (referência) mundial no processo de mobilização para a excelência da gestão.

3.13 OUTROS MODELOS INTERNACIONAIS

Existem hoje no mundo aproximadamente 75 modelos nacionais ou internacionais para a excelência da gestão, abrangendo cerca de 100 países, visto que, em trabalho apresentado na Global Excellence Model Meeting de 2006, quase 80% da essência dos Fundamentos da Excelência e dos critérios de avaliação é exatamente a mesma.

Como forma de exemplificar a evolução desse movimento mundial, no âmbito dos países ibero-americanos, na Tabela 3.1 apresentamos alguns dos indicadores monitorados.

País	Desde	Nº de candidatas	Nº de ganhadoras	Banca examinadora (voluntária)	Nº de critérios de excelência distribuídos
Argentina	1994	84	16	394	27.000
Brasil	1992	398	29	4.055	536.000
Chile	1997	326	23	445	2.960
Colômbia	1992	213	25	578	32.000
Cuba	1999	154	11	137	1.000
Equador	2001	19	1	120	5.300
Fundibeq*	2000	105	34	1.018	17.000
México	1990	1.859	62	1.760	83.000
Paraguai	1999	–	–	–	350
Peru	1999	86	33	364	12.000
Portugal	1994	29	13	27	Sem informação
República Dominicana	2005	46	1	50	130
Uruguai	1993	238	36	1.187	5.000
Total	–	3.557	284	10.135	721.740

Fonte: Global Excellence Model Meeting (2007).

*Fundación Iberoamericana para la Gestión de la Calidad – premiação internacional envolvendo os países ibero-americanos

TABELA 3.1 Indicadores de desempenho ibero-americanos

Para ilustrar as representações utilizadas por alguns dos modelos de excelência, nas próximas figuras destacamos os *frameworks* dos principais modelos internacionais da excelência em gestão.

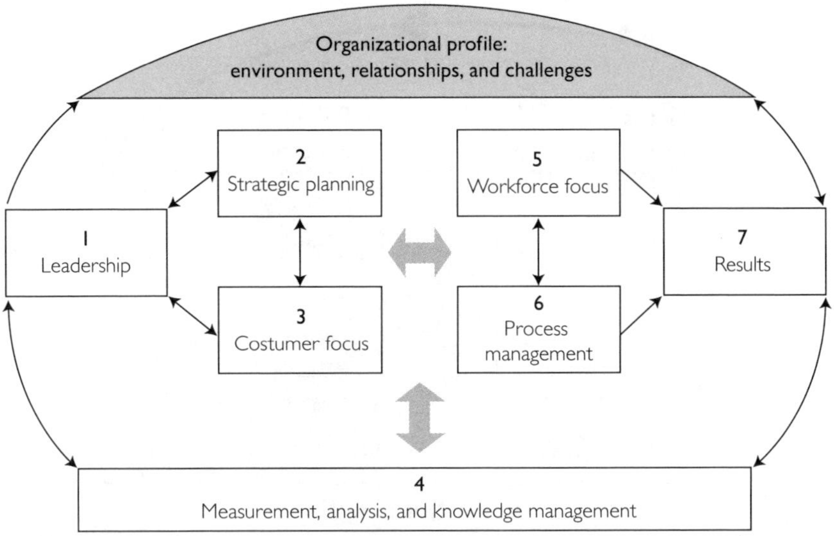

FONTE: Disponível em: <http://www.baldrige.nist.gov>.

FIGURA 3.19 Modelo dos EUA – MBNQA

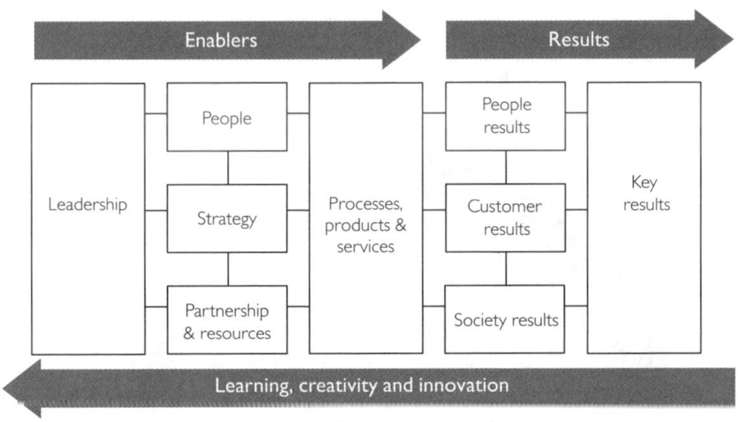

FONTE: Disponível em: <http://www.efqm.org>.

FIGURA 3.20 Modelo europeu

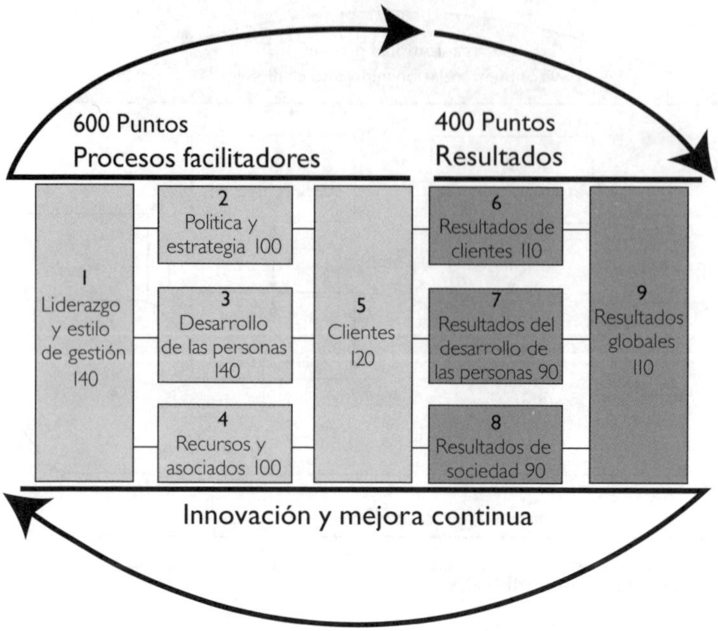

FONTE: Disponível em: <http://www.fundibeq.org>.

FIGURA 3.21 Modelo ibero-americano

FONTE: Disponível em: <http://www.competitividad.org.mx>.

FIGURA 3.22 Modelo do México

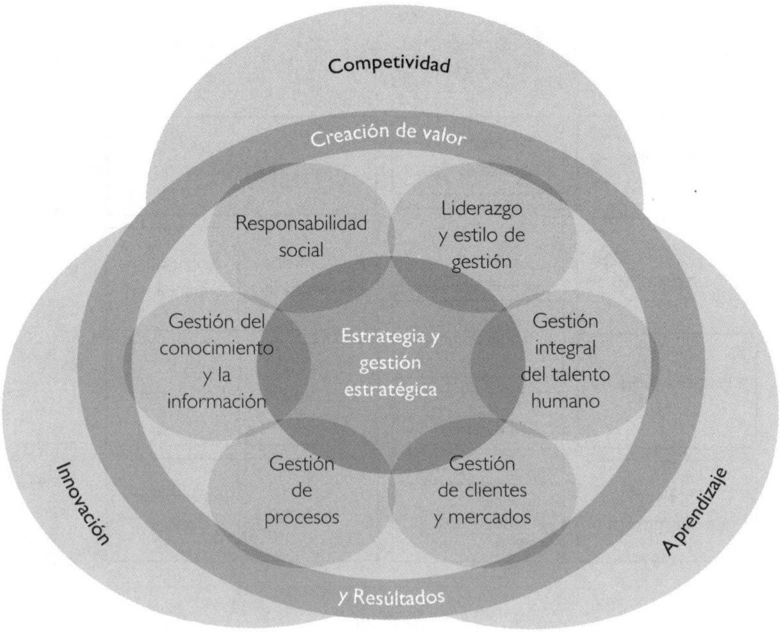

FONTE: Disponível em: <http://www.ccalidad.org>.

FIGURA 3.23 Modelo da Colômbia

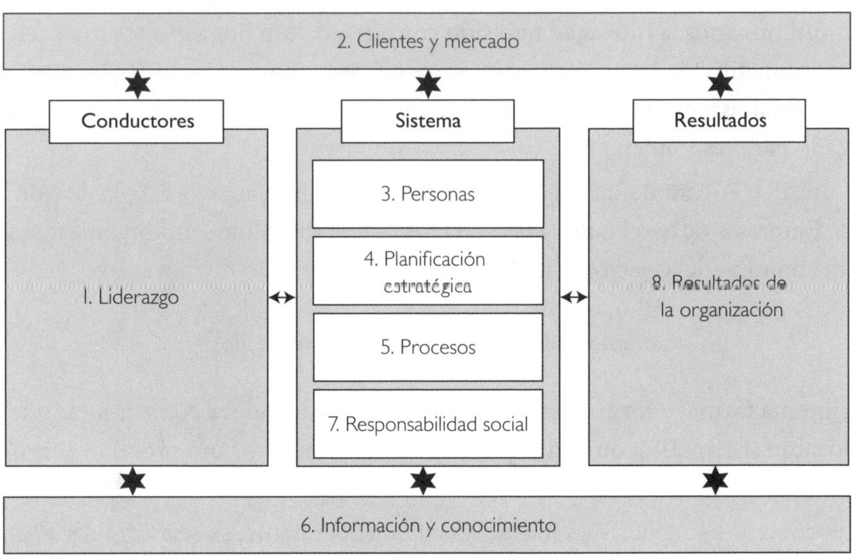

FONTE: Disponível em: <http://www.chilecalidad.cl>.

FIGURA 3.24 Modelo do Chile

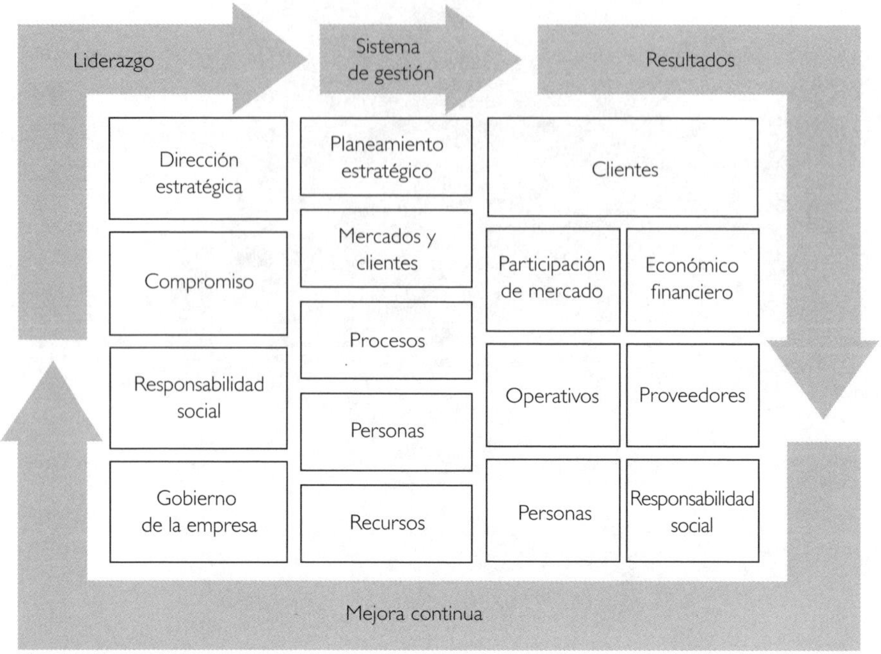

FONTE: Disponível em: <http://www.premiocalidad.org.ar>.

FIGURA 3.25 Modelo da Argentina

3.14 MODELO DE REFERÊNCIA PARA ORGANIZAÇÃO INOVADORA

Nos últimos anos, a **inovação** tem sido considerada um dos aspectos mais relevantes para a competitividade de empresas e nações. Como inovar e, principalmente, como inovar de forma sistêmica são questões fundamentais que universidades e empresas têm se esforçado para responder.

No Brasil, o Fórum de Inovação da Fundação Getulio Vargas – Escola de Administração de Empresas de São Paulo (FGV-EAESP) – tem discutido com organizações parceiras um conjunto de aspectos, entre eles, a própria definição de inovação:

Inovação = ideia + implementação + resultados

Da mesma forma, o fórum definiu a **organização inovadora** como aquela que pratica a inovação sistemática, ou seja, aquela que é permeada por um processo contínuo e permanente de produção de inovações.

Esses conceitos se aplicam às inovações de qualquer natureza, seja em relação ao objeto (inovações organizacionais ou tecnológicas), seja em relação ao grau de novidade da inovação (que vai desde as inovações incrementais até as inovações de ruptura). Os casos de inovação já estudados pelo fórum indicam que, nas organizações inovadoras, ocorrem inovações de diferentes tipos, bem como que essas inovações não são estanques – cada inovação tende a gerar outras, da mesma ou de diferentes naturezas, em uma autêntica reação em cadeia.

3.14.1 FÓRUM DE INOVAÇÃO DA FGV-EAESP

O Fórum de Inovação foi criado com a missão de estimular a pesquisa e a disseminação de conhecimentos sobre organizações inovadoras, com ênfase na sua aplicação à realidade brasileira. É uma associação entre a FGV-EAESP e organizações de sucesso no Brasil, interessadas em desenvolver, juntas, a compreensão e a prática da capacidade de inovar. Os princípios que têm norteado as ações do fórum são:

- **permanência** – o fórum não se limita a algum projeto de curto prazo; pretende, sim, investigar continuamente o modo como tornar as organizações inovadoras inovadoras;
- **relevância** – os objetos de estudo têm que ser de interesse tanto das empresas quanto da escola;
- **contribuição para a sociedade** – princípio obrigatório em qualquer atividade da FGV.

Entre as atividades realizadas pelo fórum, devem ser destacadas:

- estudos de casos em profundidade, começando pelas próprias empresas parceiras;
- análise comparativa, que busca identificar fatores e características comuns;
- pesquisas e publicações sobre organizações inovadoras;
- cursos e disciplinas sobre inovação na FGV-EAESP;
- apoio à criação dos Fóruns de Inovação, destacando como exemplos: Unisinos e Universidade Federal da Bahia (UFBA);
- desenvolvimento de método de análise de organizações inovadoras.

3.14.2 A REFERÊNCIA

A análise de uma organização como um todo exige a adoção de uma abordagem **sistêmica de investigação e implantação** do modelo adequado. O pressuposto é que todos, bem como cada um dos componentes e subsistemas organizacionais, têm o seu peso e o seu papel na trajetória da organização para se tornar sistematicamente inovadora.

O Quadro 3.6 e a Figura 3.26 apresentam uma visão sistêmica da organização inovadora, mostrando a relação entre seus componentes e subsistemas.

	Subsistemas de uma organização	Dimensões da organização inovadora
I	**Produção** (Processo de produção de inovações)	Geração de ideias
		Priorização e desenvolvimento
		Implementação de projetos
II	**Manutenção** (As pessoas são o "equipamento" de uma organização)	Pessoas
		Cultura organizacional
III	**Subsistemas de fronteira:** a) Apoio à produção	Capital para inovação
		Conhecimento para inovação
		Alianças estratégicas para inovação
	b) Institucional	Ação institucional
IV	**Adaptável**	Prospecção e interpretação de sinais
V	**Gerenciais**	Liderança e intenção estratégica
		Modelo de gestão
		Avaliação da inovação

Fonte: Fórum de inovação da FGV-EAESP. Disponível em: <http://www.inovforum.org.br/>.

QUADRO 3.6 Subsistemas e dimensões da organização inovadora

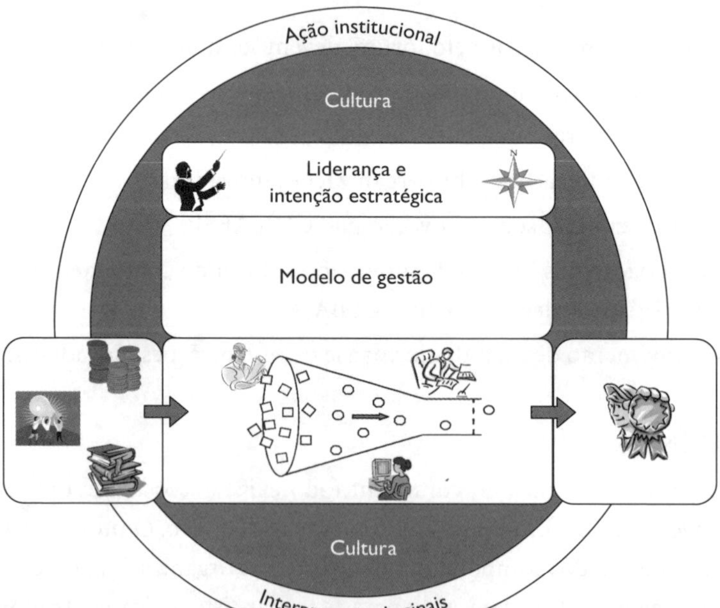

Fonte: Fórum de Inovação da FGV-EAESP. Disponível em: <http://www.inovforum.org.br/>.

FIGURA 3.26 Visão sistêmica da organização inovadora

Além da abordagem sistêmica, o modelo de diagnóstico do fórum é baseado nas seguintes definições:

a) **Processo de inovação** – inclui os recursos para inovação (capital, conhecimento e alianças estratégicas) e as etapas de geração de ideias, priorização e desenvolvimento de projetos, bem como a implementação de projetos de inovação.

b) **Pessoas** – detentores do conhecimento e, portanto, os efetivos agentes de mudança e inovação (não são "recursos para inovação").

c) **Meio inovador interno** – a expressão *meio inovador* foi cunhada por Castells e Hall (2001), referindo-se a um local ou região em que a sinergia opera de forma efetiva, entre os diversos agentes produtivos, criando condições para constantes inovações. De forma análoga, o **meio inovador interno** ressalta as sinergias internas, as quais operam de modo efetivo para gerar continuamente as inovações de que essa organização necessita.

d) **Resultado** – conforme definição adotada pelo fórum, uma inovação só será assim considerada se produzir algum tipo de resultado. Uma iniciativa que não produza resultados poderá ser vista como uma "boa ideia" ou uma "invenção", mas não será uma inovação. Analogamente, uma organização somente será considerada inovadora se forem alcançados os resultados esperados de suas inovações.

e) **Liderança da organização** – estabelece a estratégia e provê os meios para que os resultados esperados possam ser alcançados.

Fechando o circuito, podemos considerar que a **organização inovadora** é aquela em que:

i) a liderança proporciona um meio inovador interno, estimula e dá suporte às pessoas;

ii) as pessoas efetivamente conduzem o processo de inovação;

iii) o processo de inovação atinge os resultados esperados pela organização;

iv) os resultados alcançados permitem o aperfeiçoamento da organização em todos os seus aspectos e, portanto, realimentam o processo de inovação e a obtenção de novos resultados. Esse ciclo é chamado de **Roda da inovação**, ilustrado a seguir na Figura 3.27.

FONTE: Fórum de Inovação da FGV-EAESP. Disponível em: <http://www.inovforum.org.br/>.

FIGURA 3.27 Roda da inovação

No Quadro 3.7 são apresentados os níveis de análise, assim como as dimensões consideradas no modelo sistêmico de inovação:

Níveis de análise	Dimensões
Liderança e estratégia	Princípios corporativos e ação institucional
	Liderança e intenção estratégica
	Prospecção e interpretação de sinais
Meio inovador interno	Modelo de gestão
	Avaliação da inovação
Pessoas	Qualificação e aprendizagem
	Motivação
	Qualidade de vida no trabalho
	Cultura de inovação
Processo de inovação (recursos e etapas)	Capital
	Conhecimento
	Alianças estratégicas
	Geração de ideias
	Priorização
	Implementação
Resultados	Resultados econômico-financeiros
	Resultados do processo de inovações
	Cumprimento de objetivos de inovação

FONTE: Fórum de Inovação da FGV-EAESP.

QUADRO 3.7 Dimensões de avaliação do modelo para organização inovadora

CAPÍTULO 4

APLICANDO MODELOS DE REFERÊNCIA

4.1 MÚLTIPLOS MODELOS DE REFERÊNCIA

Consideremos uma organização com especificidades bastante peculiares. Aliás, quando escrevíamos este livro, lembramo-nos de que em quase todos os momentos – como consultores, pesquisadores ou avaliadores – ouvimos as organizações destacarem que são únicas e com especificidades próprias. Agora, vamos imaginar essa organização única adotando um modelo de referência à gestão qualquer. Certamente, haverá a necessidade de traduzi-lo em termos culturais e de linguagem adequados aos seus integrantes ou poderá haver alta rejeição à referência.

Vamos complicar um pouco esse quadro: imaginemos que nossa organização específica adotou diversos modelos de referência. Isso lhe parece irreal? E quanto aos sistemas integrados de gestão que se utilizam das ISO 9001 e 14001, combinadas, em geral, com a OHSAS 18001? Em nossa experiência como avaliadores do Prêmio Nacional da Qualidade®, a maioria das organizações utilizam-se do MEG e de outros modelos.

Empresas	Certificações
CPFL Paulista	ISO 9001, ISO 14001, OHSAS 18001, SA 8000
Suzano Papel e Celulose	BS 7750, ISO 14001, OHSAS 18001, ISO 9001, SA 8000, FSC
Albras Alumínio Brasileiro S.A.	ISO 9001, ISO 14001, OHSAS 18001, SA 8000, ANSI/ASQ Q 9001
Fras-le S.A.	ISO TS 16949, ISO 9001, ISO 14001
Gerdau	ISO 9001, ISO 9002, QS 9000, OSHAS 18001, ISO/TS 16949, ISO 14001
Promon S.A.	ISO 9001, ISO 14001, OSHAS 18001, ISO 27001
Petróleo Brasileiro S.A.	ISO 9001, ISO 14001, OHSAS 18001
Belgo Siderurgia S.A.	ISO 9001, ISO 14001, OHSAS 18001, SA 8000, ISO/TS 16949
Petroquímica União S.A.	ISO 9001, ISO 14001, OHSAS 18001, SA 8000
Serasa	ISO 9001, NBR 9050, NBR 16001
Dana Albarus	ISO 9001, ISO 14001, ISO/TS 39479, ISO/TS 16949
Cetrel S.A.	ISO 9001, ISO 14001, OHSAS 18001, SA 8000, ISO 17025
Caterpillar Brasil	ISO 9002, MRP II Classe A (1999) Excelência Operacional, ISO 14001, ISO 9001

FONTE: Elaborado pelos autores.

QUADRO 4.1 Exemplo de organizações que se utilizam de múltiplos modelos de referência

Agora, nosso exemplo tornou-se altamente complexo, pois a organização, com grandes especificidades, adota múltiplos modelos de referência. Nós já tratamos no Capítulo 1 a questão dos sistemas complexos e a forma de abordá-los. Vamos retornar à figura de linguagem do novelo de lã para o gatinho e o artesão (Figura 1.3). Queremos indicar uma forma para que você, leitor, possa lidar com a adoção de múltiplos modelos sem complicação, mas respeitando e tratando a complexidade da questão. Esse é o ponto de partida da importância em utilizar múltiplos modelos de referência à gestão de uma forma integrada e estruturada.

Harrison e Shirom (1999) destacam que essa utilização pode representar vantagens importantes no estudo da gestão organizacional, tanto na efetividade do aprendizado organizacional quanto na aceleração das mudanças. O primeiro benefício é que cada modelo de referência à gestão provê uma distinta orientação conceitual para a visão dos problemas organizacionais e das possíveis soluções. O segundo é o aumento da capacidade dos gestores em julgar os benefícios de cada uma das referências adotadas e possibilidade de realizar evoluções sobre elas.

Os autores destacam, ainda, que múltiplos modelos de referência à gestão, aplicados sobre uma organização, conduzem a diferentes paradigmas e perspectivas de resultado, o que produz entendimentos mais complexos sobre a gestão e maior sensibilidade na escolha das soluções.

No entanto, salientam que esse múltiplo uso pode resultar em maior complexidade no gerenciamento do projeto da gestão, diagnóstico organizacional e aprendizado. Na prática, combinar muitas referências à gestão pode criar uma abordagem excessivamente fragmentada, de difícil cognição e análise. Em geral, destacam que os consultores apresentam dificuldade em trabalhar com mais de quatro ou cinco modelos de referência à gestão. Em decorrência, as escolas tradicionais de gestão vêm debatendo a implicação do emprego de diferentes referenciais na orientação das organizações.

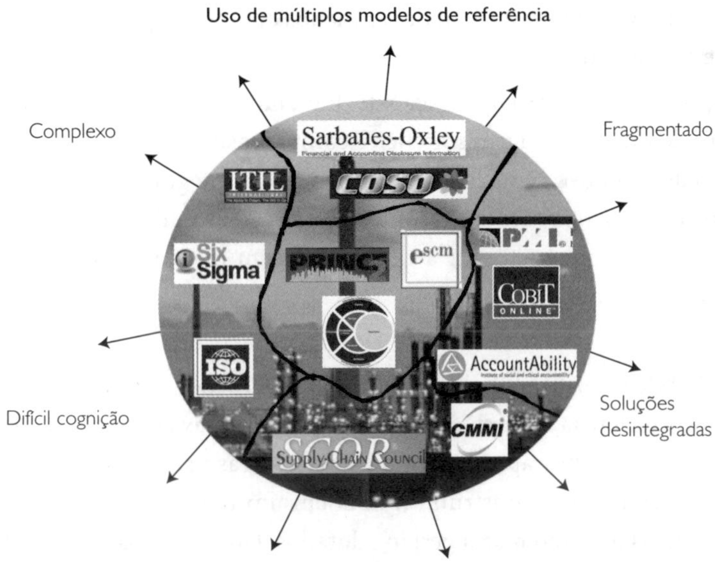

Fonte: Elaborada pelos autores.

FIGURA 4.1 Dificuldades com o uso de múltiplos modelos de referência à gestão

Harrison e Shirom (1999) apresentam também uma interessante discussão sobre as quatro abordagens de tratamento dos múltiplos modelos de referência à gestão:

- **Conservadora** – neste caminho, existe um conservadorismo na utilização de um modelo mais conhecido e experimentado, com uma preocupação da escolha dos modelos de referência que se mantenham fortemente alinhados e coerentes entre si, mesmo em termos de abordagem estrutural e funcional.
- **Liberal** – os autores também a denominam abordagem radical, mas consideramos liberal uma designação mais adequada. Essa visão pressupõe aceitação de modelos de referência com diferentes abordagens teóricas, podendo até mesmo ocorrer paradigmas conflitantes entre os modelos. A vantagem é a possibilidade de pontos de vista distintos da organização, cada um produzindo diferentes

características de foco. No entanto, isso pode conduzir a uma "anarquia" teórica, a qual pode indeterminar o resultado do estudo. Em geral, a abordagem liberal tende a fragmentar o processo de diagnóstico e análise da gestão.

- **Combinatória** – consiste na combinação de orientações dos diferentes modelos de referência sem tê-los integrado. Nesse caso, cada modelo é aplicado sobre a organização individualmente, e seus resultados analisados de forma combinada. Segundo os autores, é o caminho mais utilizado, pois tem o benefício de referenciais divergentes (o que não ocorre com a abordagem conservadora) sem o risco das armadilhas de respostas radicalmente distintas (risco oferecido pela abordagem liberal), além de ser menos complexo que a construção de um modelo integrador.
- **Integradora** – ocorre a integração de diferentes modelos de referência à gestão dentro de uma abordagem sintética e compreensiva. Em geral, resulta na construção de um novo modelo que representa essa integração e que compreenda, completa ou parcialmente, os conteúdos de cada um dos modelos de referência à gestão. Vamos retornar a essa abordagem mais à frente, quando tratarmos dos metamodelos de gestão.

Cardoso (2008), ao realizar análises em oito organizações consideradas de referência em termos de excelência da gestão, identificou todas essas abordagens. Três organizações pesquisadas pelo autor apresentaram características próximas da abordagem integradora. Essas organizações construíram também um metamodelo, o qual integrava os diferentes modelos de referência à gestão adotados. Uma interessante conclusão, que retomaremos mais à frente, foi a de que o grau de explicitação do modelo de gestão, enquanto representativo das inter-relações entre os elementos e práticas de gestão, aumentava à medida que as organizações aproximavam-se das características da abordagem integradora.

As quatro abordagens anteriores possuem vantagens e desvantagens, e podem resultar em melhores resultados, ou não, quando associadas a cada organização. Não queremos indicar nenhuma delas, por outro lado, é inegável a associação feita atualmente entre o sucesso de uma organização e sua capacidade de visão sistêmica, o que remete a considerar o uso da abordagem integradora. Por isso, vamos aproveitar este espaço para aprofundar um pouco mais os conhecimentos necessários para aqueles que pretendem, mesmo que no futuro, alcançar um sistema de gestão integrado, fundamentado por meio de uma abordagem integradora de múltiplas referências.

Por outro lado, existem organizações que escolhem as outras abordagens e também são bem-sucedidas. Algo importante, qualquer que seja a abordagem escolhida, é que esta deve ser feita dentro de uma lógica planejada. Algumas lembranças podem ajudá-lo a construir essa lógica, conforme sugerido na Figura 4.2

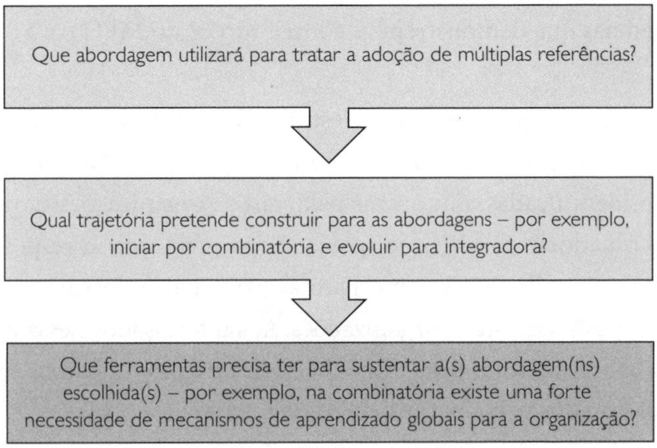

FONTE: Elaborada pelos autores.

FIGURA 4.2 Algumas lembranças para adotar uma lógica de uso de múltiplas referências

4.2 SELEÇÃO DE MODELOS DE REFERÊNCIA

Anteriormente, mostramos a utilidade da adoção de múltiplos modelos de referência à gestão. No entanto, surge a pergunta: como vamos proceder à escolha combinada desses modelos? É verdade que, na maioria das organizações, as questões de legitimidade do modelo de referência são primordiais para a escolha. Contudo, uma reflexão sobre essas escolhas, buscando a melhor combinação das referências, pode auxiliar em muito a integração das práticas de gestão adotadas.

Em nossa experiência, ouvimos constantemente a dúvida: "quais são os modelos aplicáveis à minha organização?". Já vimos que cada organização possui especificidades culturais, diferentes níveis de maturidade, ambientes de negócio próprios etc., o que torna cada solução de gestão única em termos de aplicação. Adicionalmente, os conhecimentos necessários à condução de diversos negócios são abrangentes e inter-relacionados, tornando a gestão uma atividade complexa.

Harrison e Shirom (1999) apresentam algumas ideias para orientar esse processo de escolha, que tomamos como ponto de partida, acrescentando experiências e outras consultas bibliográficas.

Deve-se verificar a capacidade do modelo de referência à gestão de prover um retorno útil e eficaz aos problemas organizacionais e desafios futuros. Aqui, claramente, ressaltam-se as questões estratégicas da organização e a contribuição da referência ao desempenho sustentável. Diversas referências são associadas a estudos de sua contribuição para as organizações, por exemplo, a valorização acionária das organizações usuárias do MEG diante do mercado (Quadro 4.2 e Gráficos 4.1 a 4.9). Esses resultados foram obtidos por pesquisa realizada pela Serasa Experian em novembro de 2009, com o intuito de buscar evidências que demonstrem as contribuições do MEG para o desempenho das organizações.

É importante destacar que, apesar de os estudos demonstrarem desempenhos superiores das organizações usuárias, academicamente é relevante o fato de que as relações causais não foram identificadas. Em outras palavras, as organizações são melhores por adotarem o MEG ou adotam o MEG porque já são as melhores? A resposta a essa pergunta, não só para o caso do MEG como para as principais referências, é a incessante busca de entidades, pesquisadores e organizações. Aos interessados nessa discussão, pesquisas bibliográficas irão apontar uma diversidade de artigos e trabalhos com análise do retorno sobre a adoção dos principais modelos de referência à gestão.

Quantidade de empresas da amostra		
	MEG	Setor
Indústria	80	3.200
Serviços	91	2.800
Comércio	11	3.700
Bancos	9	150

FONTE: Serasa Experian (2009).

QUADRO 4.2 Amostra utilizada

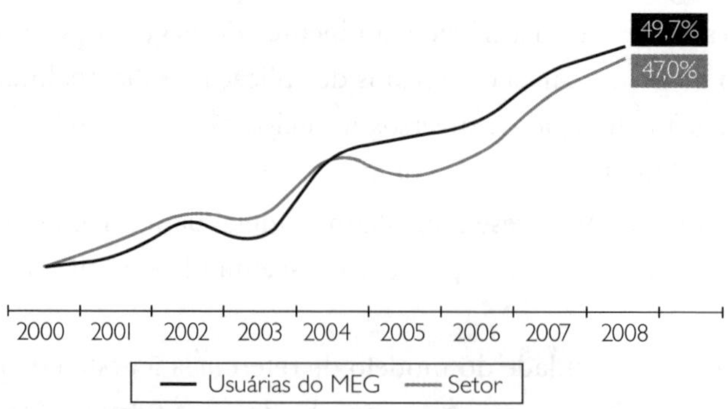

FONTE: Serasa Experian (2009).

GRÁFICO 4.1 Evolução do faturamento – indústria. Variação acumulada, descontada a inflação – IGP-M

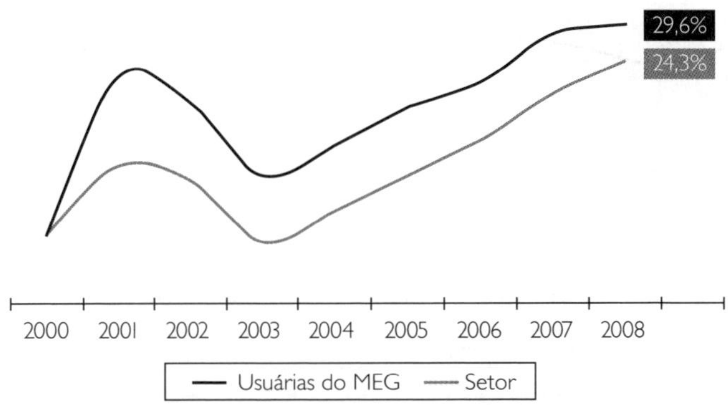

FONTE: Serasa Experian (2009).

GRÁFICO 4.2 Evolução do faturamento – serviços. Variação acumulada, descontada a inflação – IGP-M

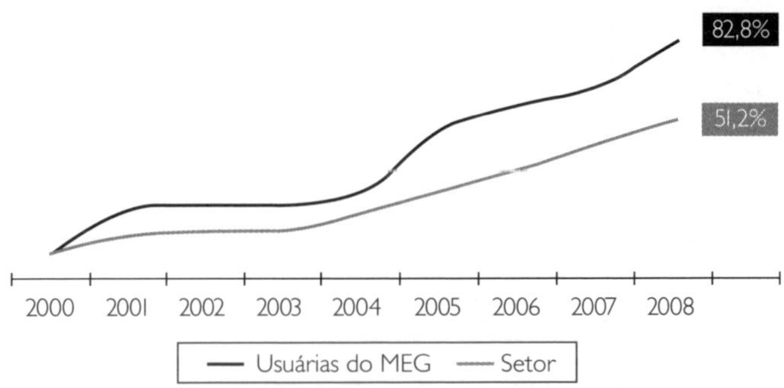

FONTE: Serasa Experian (2009).

GRÁFICO 4.3 Evolução do faturamento – comércio. Variação acumulada, descontada a inflação – IGP-M

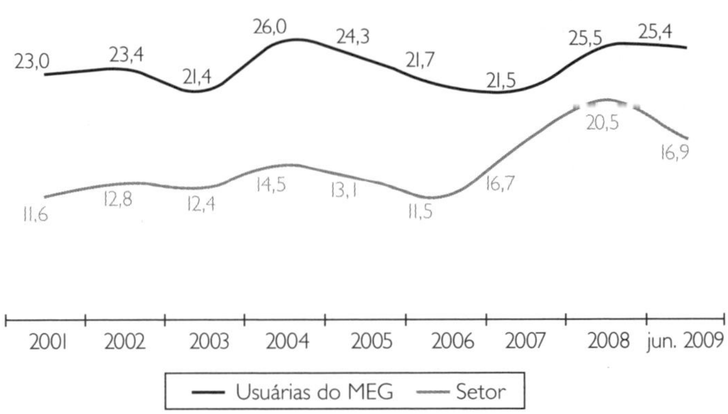

FONTE: Serasa Experian (2009).

GRÁFICO 4.4 Evolução da margem Ebtida – indústria. Percentual sobre o faturamento líquido

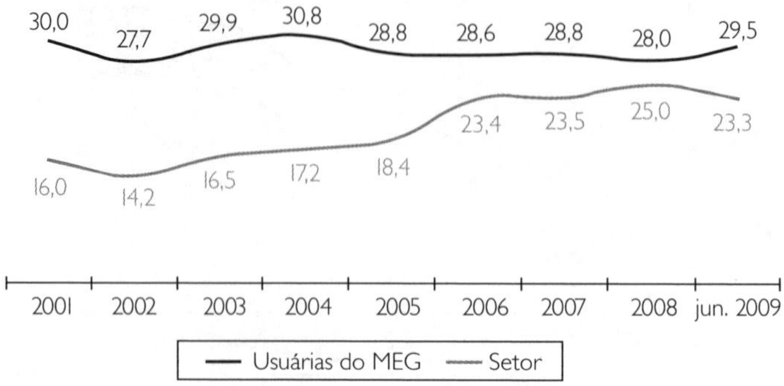

FONTE: Serasa Experian (2009).

GRÁFICO 4.5 Evolução da margem Ebtida – serviços. Percentual sobre o faturamento líquido

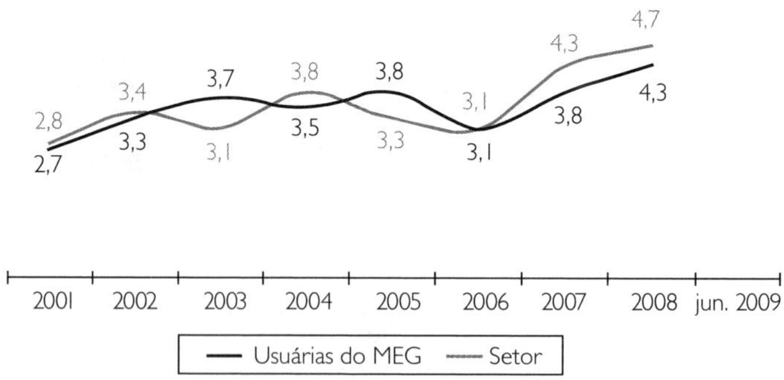

FONTE: Serasa Experian (2009).

GRÁFICO 4.6 Evolução da margem Ebtida – comércio. Percentual sobre o faturamento líquido

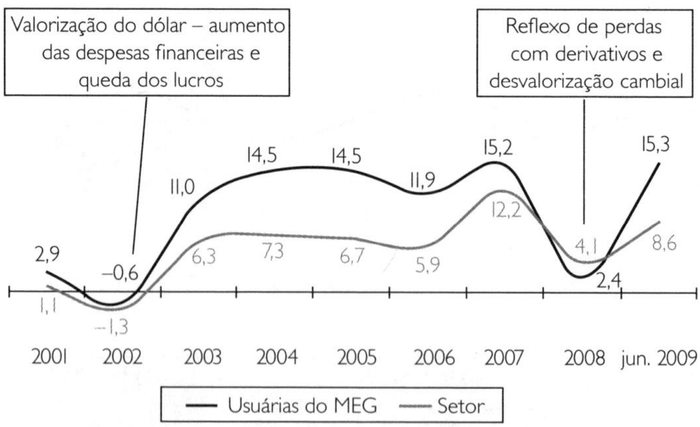

FONTE: Serasa Experian (2009).

GRÁFICO 4.7 Evolução da margem de lucro ajustada (excluídos os resultados com equivalência patrimonial e extra extra-operacional) – indústria. Percentual sobre o faturamento líquido

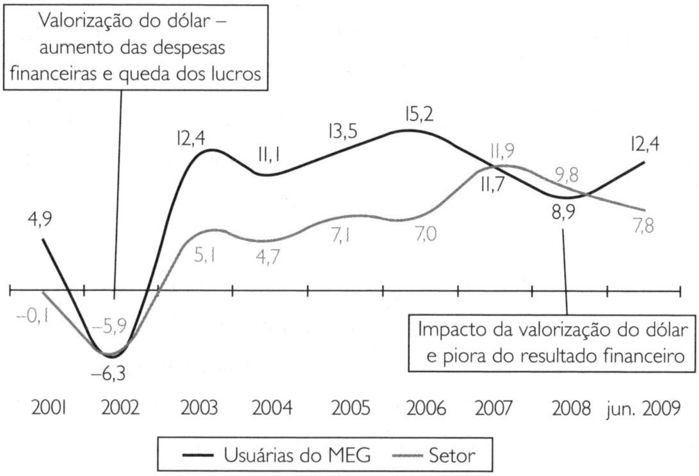

FONTE: Serasa Experian (2009).

GRÁFICO 4.8 Evolução da margem de lucro ajustada (excluídos os resultados com equivalência patrimonial e extra extra-operacional) – serviço. Percentual sobre o faturamento líquido

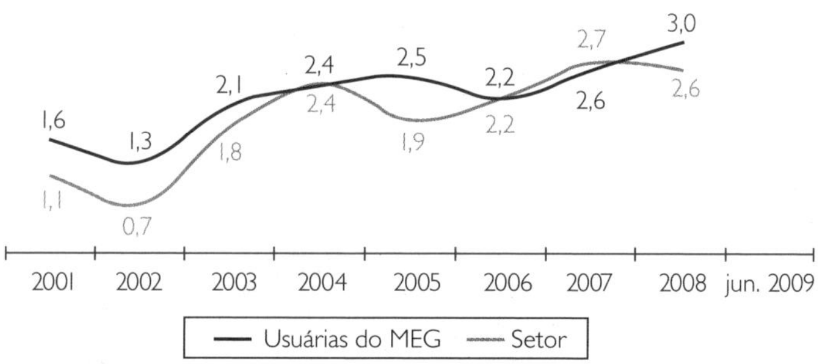

FONTE: Serasa Experian (2009).

GRÁFICO 4.9 Evolução da margem de lucro ajustada (excluídos os resultados com equivalência patrimonial e extraoperacional) – comércio. Percentual sobre o faturamento líquido

Outro aspecto importante na escolha do modelo de referência à gestão é a sua habilidade de separar os sintomas das causas-raiz. Essa qualidade permite que os usuários atuem sobre as causas dos problemas, e não sobre consequências ou sintomas. No senso comum, espera-se que, quanto menos prescritivo o modelo de referência no que tange a solicitações de práticas de gestão ou ferramentas, maior sua habilidade de separar sintomas das causas-raiz. Particularmente, nunca nos deparamos com pesquisas que comprovassem essa ideia, mas nos parece uma interessante visão da discussão.

Colaborando com a habilidade ora descrita, a escolha dos modelos de referência deve pautar-se também na capacidade de auxiliar os gestores a encontrar os caminhos para o aprendizado organizacional. Direta ou indiretamente, essas referências são utilizadas para orientar o diagnóstico e o aprendizado organizacional, assunto que retomaremos no Capítulo 6.

Podemos exemplificar a discussão do modelo de referência à gestão como mecanismos de aprendizado organizacional, recorrendo mais uma vez ao MEG. Organizações com modelos de gestão ainda em formação, com poucas práticas estruturadas e sem visão sistêmica, podem ficar "frustradas" ao aplicarem os Critérios de Excelência, pois as orientações de aprendizado decorrentes serão pouco úteis diante das grandes lacunas que existem. O mais adequado é aplicar os instrumentos do Rumo à Excelência ou do Compromisso à Excelência (reduções dos Critérios de Excelência, adotados nos prêmios regionais e setoriais). Da mesma forma, a organização que vem adotando o Rumo à Excelência perceberá que, em determinado momento (acreditamos, por experiência, que na faixa dos 400 pontos), a melhoria da gestão decorrente do diagnóstico por essa referência produzirá poucos avanços. O Gráfico 4.10 apresenta a indicação da própria FNQ quanto ao uso de seus instrumentos.

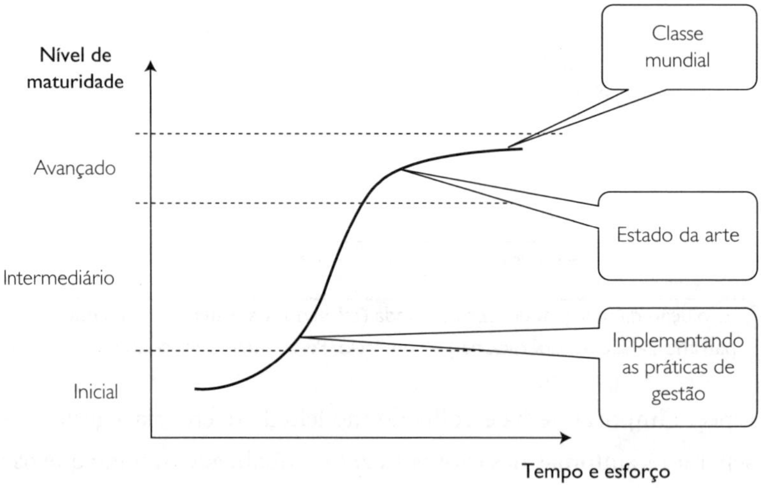

FONTE: FNQ (2009).

GRÁFICO 4.10 O caminho para a excelência

Um dos mais interessantes e complexos aspectos para a escolha dos modelos de referência à gestão é a associação entre suas características e os objetivos e valores da organização. O modelo de referência SA 8000 tornou-se um interessante exemplo dessa questão. Adotado em um exemplo brasileiro, essa referência produziu diversos problemas internos em relação à forte característica sindical e à sua estrutura de premissas e valores das organizações públicas. A escolha do representante dos empregados (requisitos dessa referência) era ponto de conflito com as representações sindicais, produzindo "disputas" jurídicas e problemas de ambiente de trabalho.

Depois de vários anos certificada, mesmo com as vantagens de legitmidade trazidas, a organização optou por não mais utilizar a SA 8000 como referência.

4.3 GARANTINDO A CONSISTÊNCIA DOS MODELOS DE REFERÊNCIA SELECIONADOS: OS METAMODELOS DE GESTÃO

Infelizmente, a maioria das organizações ainda utiliza os modelos de referência à gestão sobre os quais definem respostas isoladas para cada requisito ou, no máximo, conjuntos deles. Nesse contexto, essas organizações não projetam a gestão como resultado do planejamento integrado e articulado das diferentes práticas e processos que serão utilizados.

Para Harrison e Shirom (1999), conflitos aparentes entre modelos de referência podem produzir perspectivas complementares se forem analisados em diferentes níveis. Assim, sugerem que realizar uma modelagem da organização em níveis macro e micro pode produzir melhor visão das características organizacionais, maior confiabilidade na macro-orientação, bem como melhor orientação para renegociação de estratégias e planos.

Se combinarmos a abordagem integradora apresentada por esses autores com os fundamentos do ajuste organizacional e pensamento sistêmico, é possível identificar a potencialidade da integração de diferentes modelos de referência para realizar os ajustes necessários entre as variáveis que compõem os elementos da gestão, as estratégias e o ambiente de negócio.

Para ajustar com sucesso modelos de referência distintos, é necessário observar o grau de complementaridade ou oposição entre eles. Adicionalmente, devem-se especificar os elementos que criam esse complemento ou oposição, além dos caminhos de tratamento das divergências (HARRISON; SHIROM, 1999). Os autores sugerem que as organizações devem definir "pontes" para realizar a integração entre os modelos de referência e superar possíveis conflitos. Essas pontes tornam-se "indicações" cognitivas de integrações ou conflitos, sendo úteis para disseminar o entendimento das referências e pontos de vista.

Na tarefa de integrar diversos modelos de referência, não podemos nos descuidar da aplicabilidade deles no contexto organizacional, isto é, da aderência das propostas à cultura já estabelecida. Assim, coloca-se como elemento relevante a aderência das orientações aos aspectos enraizados ou aos que se pretendem reforçar, tais como:

comportamentos regulares ao interagir, normas de grupo, valores, regras do jogo, habilidades "fixadas", hábitos de pensamento, modelos mentais, propósitos compartilhados e símbolos integradores.

Alguns passos básicos podem ser utilizados para construir o metamodelo de gestão. A Figura 4.3 apresenta um fluxograma resumido que pode ser adotado para orientar a seleção das referências e iniciar a construção do metamodelo de gestão.

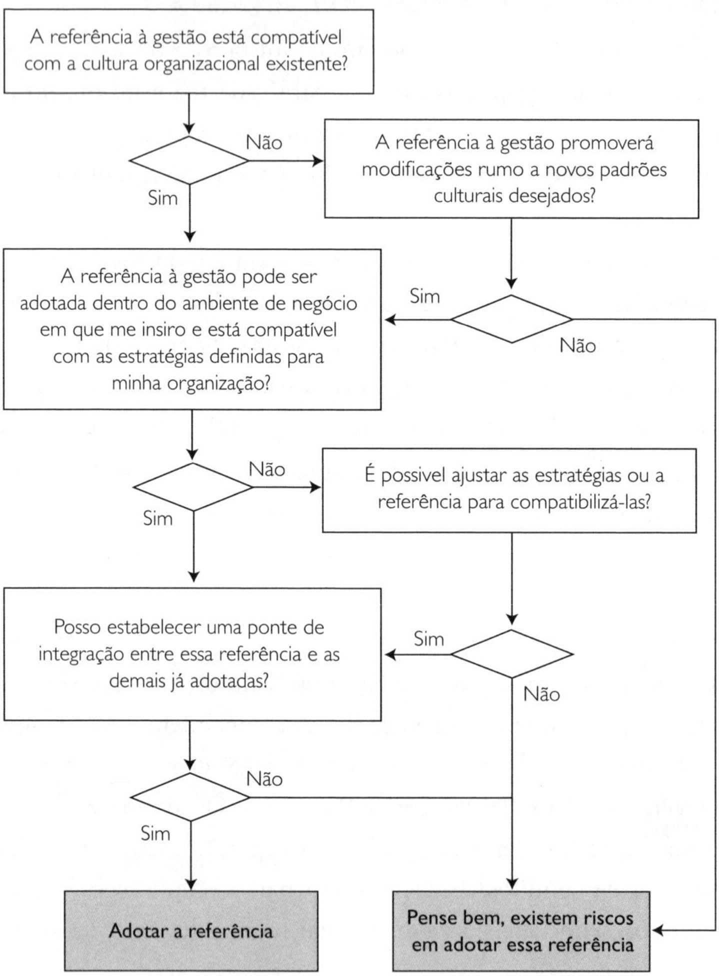

FONTE: Elaborada pelos autores.

FIGURA 4.3 Fluxograma de seleção de referências à gestão para construção do metamodelo de gestão

Aqui, será interessante enriquecermos a discussão com nossas experiências. Acreditamos que as organizações que obtiveram mais sucesso na adoção de múltiplos modelos de referência à gestão passaram pela integração entre eles (as "pontes" citadas por Harrison e Shirom) e sua compatibilização com a cultura e os valores.

Vamos utilizar o caso de uma empresa de engenharia prestadora de serviços e soluções em tecnologia da informação, sediada no Rio de Janeiro, que adotou como modelos de referência principais eSCM-SP, CMMI, ISO 9001, PMBOK® e Cobit. As características do eSCM-SP e sua certificação conduziram à necessidade de integrar os elementos (práticas, arquitetura, documentações, sistemas etc.) que compunham sua gestão – naquele momento sem compor um modelo de gestão sistêmico. Valendo-se das indicações teóricas já apresentadas neste livro, conduziu-se um projeto de desenho organizacional, que iniciava com a construção de um modelo específico e integrador dos diferentes modelos de referência (metamodelo de gestão).

A construção do metamodelo de gestão foi realizada por meio da construção das pontes de integração entre cada requisito dos diferentes modelos de referência. Essa lógica fundamentou-se em uma abordagem integradora, similar à preconizada por Harrison e Shirom (1999), na qual se buscou construir um modelo capaz de integrar as diferentes referências. Igualmente às indicações dos autores, um dos referenciais, o eSCM-SP, foi escolhido como base das integrações entre todos os modelos por sua característica sistêmica e abrangente da gestão.

O metamodelo tinha como objetivo construir as "pontes" entre as referências adotadas e compatibilizá-las com a cultura organizacional e especificidades do negócio. A construção do modelo de gestão (contento essas soluções de forma integrada) foi o passo seguinte, o qual vamos detalhar em termos de experiência apresentada no próximo capítulo deste livro.

Outra interessante experiência que pode ser utilizada para ilustrar a construção de um metamodelo de gestão é a de uma organização de direito privado, responsável pelo controle da prestação de um serviço público. Sua trajetória levou a discussões sucessivas sobre adoção de diferentes modelos de referência à gestão, tais como: ISO 9001, Itil, Cobit, MEG FNQ.

Como ocorre na maioria das organizações, as referências são discutidas individualmente em diferentes áreas ou gerências, chegando, em alguns casos, a serem adotadas de forma pontual. Voltando ao nosso exemplo, o quadro dessa organização era o seguinte:

- Uma determinada diretoria adotava o MEG da FNQ e a ISO 9001.
- A gerência responsável pela TI buscava referenciar o Itil, o Cobit e o PMBOK®.
- A gerência de recursos humanos, por sua vez, inspirava-se nas orientações da ABRH e do Ethos.

As utilizações pontuais dessas referências afastaram as áreas da organização e provocaram movimentos de discordância entre uma determinada gerência e a referência utilizada por outro. As discussões não convergiam, pois sempre havia o questionamento da adequação de cada referência para todas as áreas.

Nesse momento, decidiu-se pela condução de um projeto que analisasse as diferentes referências adotadas, buscando realizar as integrações entre elas e sua compatibilização no que tange às especificidades operacionais e culturais da organização. Tomando como base o MEG da FNQ, construiu-se um metamodelo de referência (denominado de modelo de referência de ORG X) que integrava a ISO 9001, as orientações do Instituto Brasileiro de Governança Corporativa, o modelo de novos negócios da Bovespa, o Cobit e as orientações de responsabilidade social do Instituto Ethos.

É oportuno esclarecer que algumas das orientações citadas não são modelos de referência à gestão no *strictu senso* da definição, mas, certamente, referências válidas e comumente utilizadas.

Os esforços de aproximar, ou compatibilizar, o metamodelo de gestão às especificidades produziu requisitos muito mais cognitivos para os integrantes da organização. Recortes nas referências, desconsiderando aspectos incompatíveis e aprofundando questões estratégicas ou de maior relevância, trouxeram benefícios ao metamodelo construído.

Se analisarmos os dois exemplos anteriores, retomaremos a discussão de Harrison e Shirom (1999) sobre o conceito de diagnóstico de precisão (*sharp-image diagnosis*). Para os autores, esse diagnóstico é definido como uma atividade de avaliação orientada por um modelo que pode prover alto foco, mantendo a visão multidimensional das condições de um problema. Nesse sentido, esse diagnóstico permitiria identificar condições críticas dentro de uma visão integrada da organização, pois melhoraria a capacidade de se obter um entendimento dos problemas organizacionais e de suas condições de contorno, internas ou externas à organização.

Nosso entendimento é o de que a construção de metamodelos, por meio de uma abordagem integradora de diferentes modelos de referência à gestão, leva a uma ferramenta capaz de produzir diagnósticos de precisão. Diante disso, Harrison e Shirom parecem chegar à mesma conclusão, expressa de forma diferente, quando afirmam que o diagnóstico de precisão é conseguido por meio de um modelo que integra um vasto conjunto de outras referências. Uma interessante dica dos autores é a preocupação de que o metamodelo (em termos de nossa definição) tenha características de um *framework* de sistema aberto. A Figura 4.4 apresenta essa relação do metamodelo como ferramenta de diagnóstico.

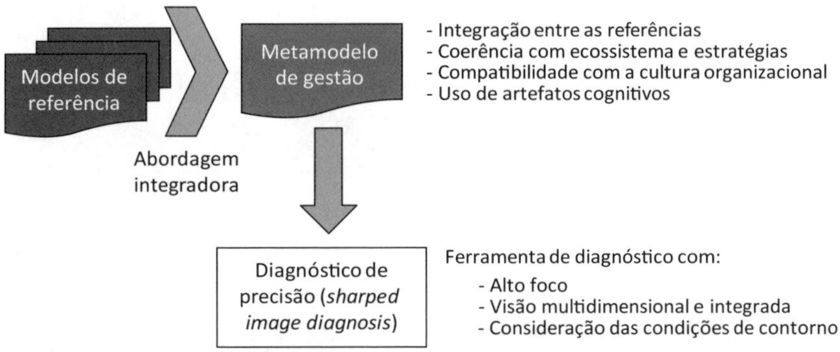

FONTE: Elaborada pelos autores.

FIGURA 4.4 Metamodelo de gestão como ferramenta de diagnóstico de precisão

Assim, acreditamos que a construção de metamodelos a partir dos modelos de referência ficará mais clara no próximo capítulo, em que discutiremos a definição dos modelos de gestão como consequência lógica dessa construção.

CAPÍTULO 5

MODELOS DE GESTÃO

Entendemos a importância dos modelos de referência à gestão na legitimidade e orientação para as organizações construírem suas soluções gerenciais. Apresentamos alguns modelos de referência à gestão para que você se familiarizasse com eles; certamente muitos leitores utilizaram um ou mais deles em suas experiências profissionais. Em seguida, analisamos uma das discussões mais atuais nas organizações, apesar de muitas vezes imperceptível: a integração de múltiplos modelos de referência e o estabelecimento de metamodelos de gestão.

Entretanto, nossa percepção indica que ainda é importante uma camada entre essas referências e a solução real da organização. Como veremos a seguir, trata-se de uma metáfora capaz de apresentar as soluções gerenciais, suas integrações e lógica de aplicação. Esse será o tema que exploraremos nesta etapa da nossa jornada, a construção de modelos de gestão a partir de modelos de referência.

5.1 CONCEITOS E DEFINIÇÕES DE MODELOS DE GESTÃO

Os modelos de referências, padronizados e genéricos, podem servir como ponto de partida para informar a representação, em uma linguagem comum, da orientação para o desenvolvimento de soluções específicas pelas organizações. Adicionalmente, eles podem informar articulações, em termos de referência, que serão importantes na integração das soluções gerenciais a serem adotadas. Esta última contribuição torna-se mais "evidente" quando é construído o metamodelo de gestão, que integra diferentes modelos de referência à gestão.

Acreditamos que é importante acrescentar uma nova etapa na construção da excelência na gestão: os modelos de gestão. Assim, nossa intenção é apresentar esse valioso conceito que em muito facilitará as organizações na adoção de diferentes modelos de referência à gestão, bem como na promoção da integração, em termos práticos, das soluções gerenciais adotadas.

A importância da introdução do conceito de modelo de gestão é corroborada pela pesquisa realizada por Zilbovicius (1999), que discorre sobre a necessidade de uma interconexão lógica das práticas de gestão que permita que os tomadores de decisão operem com uma determinada lógica referenciada. Assim, é necessária a existência de um modelo que represente as interconexões específicas entre as práticas de uma determinada organização e informe essa realidade segundo a lógica atribuída por um ou mais modelos de referência à gestão.

Para Harding e Long (1998 apud PINHEIRO DE LIMA; LEZANA, 2005), um modelo de gestão é uma representação dinâmica da realidade e tem como objetivo esclarecer as relações entre diferentes elementos, indicando causalidades e interações efetivas. Modelos de gestão podem ser entendidos como a interação dinâmica entre os elementos de um sistema (SHEHABUDDEEN et al., 1999). Segundo Shehabuddeen et al. (1999), o modelo é dinâmico por natureza, descreve a realidade, mostra relacionamentos, sendo capaz de predizer o impacto de modificações nos elementos variáveis identificados.

Shehabuddeen et al. (1999) sugerem ainda que o modelo de gestão seria uma construção resultante de um ou mais modelos de referência à gestão. Para Pidd (1998), modelo de gestão é uma representação externa e explícita de parte da realidade vista pela pessoa que deseja usar aquele modelo para entender, mudar, gerenciar e controlar parte daquela realidade.

Consolidando os conceitos anteriormente apresentados, entendemos modelo de gestão como **uma representação da realidade que descreve as relações entre diferentes elementos de gestão de uma organização e tem a capacidade de predizer o impacto nas modificações desses elementos.**

Nesse contexto, entende-se por elementos de gestão os costumes, valores, práticas e processos, ferramentas e sistemas que orientam a gestão. Complementando, é usual no Brasil a utilização do termo prática de gestão para representar um conjunto de atividades de natureza gerencial, sistematizadas por meio de métodos e regras de execução, formalizadas ou não, e que compõem o modelo de gestão da organização.

5.2 POR QUE CONSTRUIR MODELOS DE GESTÃO A PARTIR DE MODELOS DE REFERÊNCIA?

Já fomos apresentados aos modelos de gestão, mas, antes de prosseguirmos, ainda cabe a seguinte pergunta: por que alguém deveria construir um modelo de gestão?

Para objetivar a importância da introdução do conceito de modelo de gestão, vamos retornar às conclusões apresentadas por Zilbovicius (1999), que já citava outras pesquisas como as de Boyer e Freyssenet (1995). Esses estudos fortalecem o entendimento de que há a necessidade da coexistência de dois tipos de modelos, um de orientação, que indique uma aspiração a se alcançar (modelos de referência à gestão), e outro que apresente a estilização de um conjunto de práticas adotadas (modelo de gestão). Para o autor, é necessária uma interconexão lógica das práticas de gestão que permita aos tomadores de decisão seguirem alinhados a uma determinada lógica explicitamente referenciada.

Continuamos nossa argumentação a respeito da importância dos modelos de gestão, valendo-nos das conclusões de Taylor (2001), que destaca que o uso de modelos favorece o estabelecimento de uma visão global. Por sua vez, a visão global pode ser utilizada para encorajar e promover o comportamento da liderança. Segundo o autor, a adoção de um modelo para orientar à gestão favorece: (a) a criação de uma visão comum; (b) o estabelecimento de vocabulário e linguagem para conhecimento e entendimento de todos; e (c) a identificação de critérios de sucesso para implementação.

Essas vantagens podem ser entendidas como capazes de alinhar os princípios e valores escolhidos para a gestão à cultura organizacional, alicerçando as orientações conceituais e o desenvolvimento dos integrantes da organização por meio do entendimento em uma linguagem homogênea. A condição anterior é, segundo nossa experiência, capaz de promover condições para mitigar diversos obstáculos levantados para a implementação das soluções organizacionais no contexto da sustentabilidade atualmente necessária.

Vamos retornar a um exemplo prático anteriormente apresentado referente à empresa de engenharia de computação do Rio de Janeiro. Após construído e validado o metamodelo de gestão, percebeu-se a necessidade de realizar novas integrações, agora no que concerne às práticas de gestão que comporiam a solução adotada pela organização.

Aqui, cabe ressaltar um benefício adicional da utilização de metamodelo de gestão que não comentamos anteriormente. Nesse exemplo prático, o metamodelo permitiu identificar as práticas de gestão já utilizadas pela organização e que continuaram pertinentes dentro da lógica integrada de múltiplos referenciais. As práticas identificadas foram analisadas quanto ao atendimento dos requisitos, agora integrados no metamodelo, resultando em:

- Aceitação integral da prática existente – nesse caso, a prática era aceita para um determinado requisito ou conjunto de requisitos estabelecidos no metamodelo de gestão.
- Aceitação parcial da prática existente – a aceitação da prática era vinculada a um conjunto de melhorias a serem realizadas para atender a um ou mais requisitos do metamodelo de gestão.
- Inserção de nova prática – era necessário realizar pesquisas bibliográficas e *benchmarkings* para identificar práticas capazes de atender a um ou mais requisitos pendentes.

Ao final, o conjunto de práticas reunidas pelos três caminhos ora descritos foi inserido no modelo de gestão da organização. A Figura 5.1 exemplifica, de acordo com uma visão parcial, todo o circuito do projeto que incluiu a construção do metamodelo de gestão e sua transposição para o modelo de gestão.

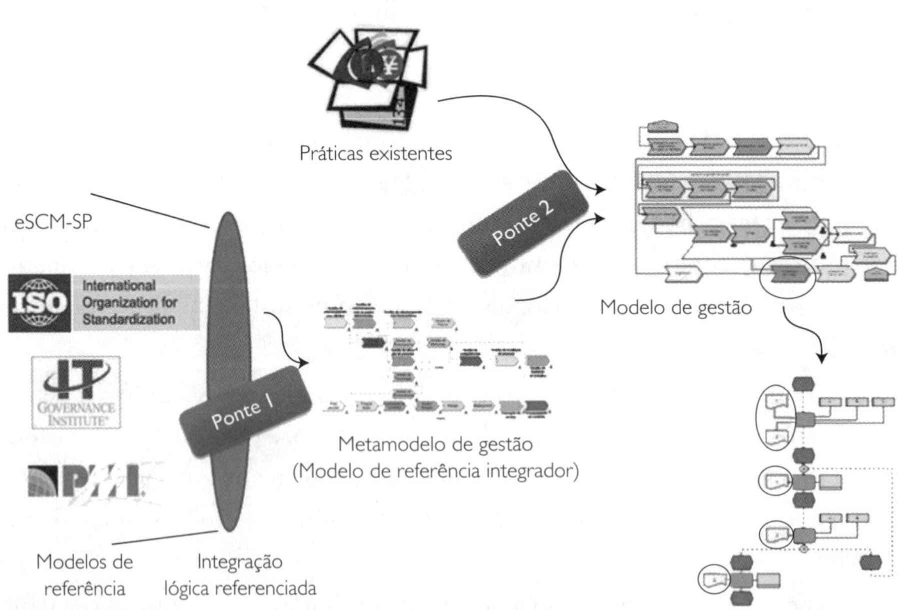

FONTE: Cardoso et al. (2008).

FIGURA 5.1 Lógica de construção do modelo de gestão

O método adotado nesse projeto permitiu a construção de um modelo de gestão altamente integrado, com elevado detalhamento das "pontes" de relacionamento entre cada uma das práticas incorporadas. Outra vantagem no método foi a construção das pontes de integração entre as práticas de forma gradativa, inicialmente por meio da integração dos requisitos das referências, no metamodelo de gestão, e, em seguida, da integração entre as práticas, no modelo de gestão, o que reduz a complexidade da abordagem integradora, destacada por Harrison e Shirom (1999) como sua principal dificuldade.

5.3 UNICIDADE DOS MODELOS DE GESTÃO: A CULTURA ORGANIZACIONAL

De forma genérica, tentamos convencê-lo da importância dos modelos de gestão. Vamos agora apresentar em detalhe uma particularidade de seu uso, a unicidade, derivada das especificidades culturais das organizações.

Os resultados das pesquisas realizadas por Sebastianelli e Tamini (2003) indicam que, apesar do avanço representado pelos modelos de referência, a utilização tão somente destes não resolve na prática os obstáculos existentes na gestão das empresas. Em suas pesquisas, Zilbovicius (1999) indica que Fleury, em publicação de 1978, apresentou o confronto entre a orientação teórica para as empresas e a realidade com que as soluções práticas devem ser implementadas em decorrência das especificidades culturais, constituição da mão de obra e processos de trabalho.

Zilbovicius destaca também as conclusões das pesquisas de Boyer e Freyssenet sobre o paradoxo entre a questão da unidade *versus* a pluralidade dos modelos. Afirma que nenhum modelo referenciado foi reproduzido de maneira idêntica e que um modelo certamente não é um sistema estável e fechado que se desenvolve apenas como resultado de constrangimentos externos.

Assim, destacamos nesta seção que, para formatar o seu modelo de gestão, uma organização pode optar por utilizar um conjunto de modelos de referência, mas não sem contemplar a cultura já estabelecida. A cultura organizacional representa um padrão de compartilhamento de pressupostos básicos, aprendido pelas pessoas da organização com a experiência, que foi trabalhado para se tornar válido e, por consequência, ser ensinado para novos membros, como a correta maneira de perceber, pensar e sentir em relação àqueles problemas. Assim, a internalização e perpetuação do modelo de gestão se sustenta em sua inserção dentro desse padrão de compartilhamento.

Nesse sentido, o modelo de gestão será a materialização da combinação das orientações dos modelos de referência (ou metamodelo de gestão) em relação às peculiaridades e características exclusivas de uma dada organização. É essa combinação que torna cada modelo de gestão único, mesmo nos casos em que as organizações partem dos mesmos modelos de referência.

Alguns casos práticos são interessantes para ilustrar as discussões da unicidade do modelo de gestão e seu uso para o fortalecimento da cultura organizacional.

Pesquisamos duas organizações existentes no Brasil, mas com bases culturais diferentes. Retornando à Figura 1.1 (Camadas da cultura organizacional), observamos que os artefatos e os padrões de comportamentos dessas organizações são distintos, pois espelham pressupostos e crenças diferentes. Uma delas, uma multinacional francesa, tem grande influência de sua cultura original. A outra, grande corporação familiar brasileira, tem forte influência da cultura alemã.

Verificamos que ambas as organizações possuem modelos de gestão. Cada um – construído ao longo de ciclos sucessivos de aprendizado – espelha a unicidade de sua cultura.

O modelo de gestão da multinacional francesa é fundamentado em um artefato cognitivo em forma de livro. Essa explicitação é pouco detalhada, apesar de sistêmica e transversal. Apresenta os valores corporativos, o organograma, uma breve descrição dos macroprocessos e as *Red Lines*. É sobre elas nosso foco.

As *Red Lines* expressam formalmente o que não pode ser feito na gestão de cada uma das unidades autônomas da organização. Por trás, tem-se a lógica de que com objetivos bem explícitos (no livro estão apresentados os direcionadores e objetivos estratégicos), uma cultura comum (expressas no modelo na "cultura comum corporativa"), macroamarrações de processos e responsabilidades, bem como limites do que "não pode ser feito", a gestão, ao ser conduzida, caminhará para soluções efetivas.

Na organização brasileira de cultura alemã, por sua vez, evidencia-se uma lógica distinta. Nela, o modelo de gestão é composto por um conjunto detalhado de documentações, divididos em sete níveis. O nível de detalhamento para as práticas é alto e construído de forma colaborativa pelas "melhores práticas" identificadas nas diferentes organizações existentes. Por trás, existe a ideia de que se deve prescrever as melhores soluções (*best practices*), flexibilizada em termos de adoção ou "customização" da solução inicial. As unidades autônomas valem-se das orientações corporativas por meio de um "cardápio" com prescrições obrigatórias, as quais podem ser customizadas ou escolhidas.

Qual desses modelos de gestão é o mais adequado? Certamente, não somos capazes de dizer. É possível que essa conclusão não possa ser dita. O interessante é entender que eles terão sucesso se estiverem compatibilizados com a cultura organizacional vigente.

Passemos para outro caso, que exemplifica a unicidade intrínseca às organizações. A exposição que se segue é referente às formas de uso de um modelo de gestão do setor petroquímico com processo contínuo e diversas unidades de produção. Nosso foco de interesse são as gerências de estocagem e movimentação logísticas existentes nas diferentes filiais.

Há variações sensíveis entre as diversas gerências, com origens variadas. As causas dessas diferenças abrangem desde a realidade física da planta: volume, escopo de produção, equipamentos, história tecnológica, entre outros aspectos, até as trajetórias gerenciais vividas por ela.

Nesse caso, decidiu-se construir um modelo de gestão específico para uma gerência de estocagem e movimentação que representasse genericamente todas as gerências e decorresse de um detalhamento do modelo de gestão corporativo. Tinha-se o objetivo de que cada gerência específica se reconhecesse plenamente naquela representação. Assim, o projeto desenvolveu MG-Específico para ser um ponto de partida razoável e eficaz para que cada gerência pudesse desenvolver uma "customização" do modelo.

Para ilustrar esse processo de "customização" do modelo específico para cada gerência de estocagem e movimentação, tem-se o exemplo da prática de formação de grupos de trabalho. Cada gerência tem o poder de decidir quais são as suas maiores necessidades e focar sua atenção sobre elas, criando, por exemplo, diferentes grupos de trabalho. Diante disso, essa prática serve como um bom exemplo de como o modelo de gestão específico não pode ser aplicado de forma universal e mecânica. Ele apresenta a lógica de divisão dos grupos, mas deve ser conformado em função da realidade de cada filial, saindo do caso geral, para adequá-lo à realidade local da gerência em pauta.

Cardoso (2008) identificou interessante compatibilização entre o modelo de gestão e a cultura organizacional. Pesquisando 22 organizações indicadas como *benchmarks* em gestão, o autor identificou que um modelo de gestão, construído pela integração de múltiplos modelos de referência, vem sendo utilizado como mecanismo para auxiliar as mudanças culturais e a comunicação da visão da liderança.

5.4 EXPLICITAÇÃO DO MODELO DE GESTÃO: REPRESENTAÇÃO COMO ARTEFATO COGNITIVO

Conforme visto anteriormente, entre os papéis apontados por Pinheiro de Lima e Lezana (2005) para os modelos de gestão estavam dois diretamente associados à sua representação:

- a comunicação de uma racionalidade e estrutura para os atores que compõem o sistema sociotécnico da organização, no qual se estabelece uma representação das dimensões que compõem o sistema organizacional;

- a descrição e a explicação da ação organizacional, em função da sua estrutura e organização.

A cognição e a codificação da gestão das organizações vêm, por sua vez, sendo ressaltadas como mecanismos de suporte à compreensão sistêmica da organização. Seres humanos possuem limitações cognitivas. Para resolver os problemas de sua existência e lidar com a sobrecarga de detalhes complexos de suas vidas, os seres humanos utilizam métodos de simplificação (SENGE, 1990), por exemplo, o processo de categorização de suas experiências (CAPRA, 2002).

Katz e Kahn (1975) são da opinião de que as pessoas tendem a perceber, na forma de estereótipos, aquilo que a cultura de seu sistema social produziu para elas. Já Kauffman (1995) afirma que os seres humanos inventam conceitos e categorias que se definem mutuamente em um círculo reforçador complexo e os utilizam como cinzéis para esculpir o mundo. Uma vez inventadas as categorias, e tendo esculpido o mundo de modo a ajustá-lo a elas, os seres humanos se descobrem categorizados também.

Morgan (2007) apresenta o conceito de metáforas, como uma figura de linguagem comparativa, frequentemente usada para dar um toque criativo à nossa maneira de falar. Por sua vez, Harrison e Shirom (1999) destacaram que metáforas ou outras imagens fortalecem o entendimento das organizações, e acrescidas de outras referências de igual relevância, sustentam a crença na importância do modelo de gestão para explicitar e documentar a gestão organizacional. Pode-se ainda acrescentar as indicações de Nonaka e Takeuchi (1997) sobre a importância da metáfora e analogia na geração do conhecimento e da codificação de conhecimento tácito na espiral do conhecimento.

Quanto ao uso das metáforas, Morgan (2007) destaca que:

- são mecanismos que podem contribuir de forma relevante para a discussão do pensamento sistêmico;
- podem ampliar a visão da organização e permitem identificar ações que poderiam não ser identificadas;
- levam a outras metáforas, as quais, por vezes, levam à superação de limites de entendimento e expressão, promovendo novos pontos de vista;
- favorecem o surgimento de pontos de vista complementares e concorrentes, que podem construir um "mosaico" capaz de lidar com a complexidade da vida organizacional.

Assim, combinando as ideias de Morgan com as questões assinaladas pelos demais autores mencionados, podemos admitir que metáforas são úteis para representar a organização dentro da capacidade cognitiva dos seres humanos. As metáforas podem ser capazes de representar a complexidade do ambiente organizacional, mesmo que existam distorções. Possuem, portanto, a capacidade de "entregar" de forma cognoscível elementos de experiências.

Vamos ao estudo realizado por Cardoso (2008). Ao pesquisar 22 organizações indicadas como referências pela FNQ, seus resultados indicaram que estas explicitam seus modelos de gestão em forma documental e diagramática. Além disso, demonstram que essa explicitação apresenta influência na capacidade de representar o funcionamento e as relações das práticas de gestão, bem como de suportar avaliações de diversos modelos de referência.

Parece-nos que a introdução de um ou mais modelos de referência à gestão passa naturalmente pela necessidade cognitiva de seus usuários, comumente por meio de metáforas que "traduzem" esses modelos em linguagens mais próximas das especificidades de cada organização.

Podemos reforçar essa indicação utilizando-nos do caso da diretoria de abastecimento da Petrobras apresentado por Pacheco (2007). Segundo a autora, quando o abastecimento realizou os esforços de integração de diversos modelos de referência (MEG FNQ, ISO 9001, ISO 14001, OHSAS 18001, SA 8000, entre outros), identificou a necessidade de estabelecer uma metáfora que explicasse, em uma linguagem amigável aos seus integrantes, a lógica conceitual das soluções gerenciais adotadas. Como consequência, surgiu o modelo de gestão do abastecimento, o qual traduz em termos explícitos as soluções gerenciais e suas integrações. Nessa experiência, a organizadora, ganhadora do Prêmio Nacional da Qualidade® em 2007, estabeleceu uma metáfora em forma de desenho que representa, em termos agregados, a lógica de gestão a ser seguida.

Situação similar pode ser observada em outra organização de classe mundial, fabricante de autopeças e que possui mais de 300 unidades de produção espalhadas pelo mundo. Essa corporação adotou em todas as suas unidades o modelo de referência do Malcolm Baldrige National Quality Award, por meio de um metamodelo de gestão denominado de XYZ Excellence Assessment.

Consequentemente, construiu-se um modelo de gestão que reúne em uma metáfora bastante cognitiva os principais conceitos e ferramentas utilizados na sua gestão. Esse modelo de gestão, conforme considerado por seus gestores, é um dos responsáveis pelo sucesso do grupo e pela integração de um negócio espalhado mundialmente.

Em suma, os modelos de gestão equacionam os diferentes modelos de referência à gestão, permitindo reunir as diversas referências em um artefato único, com "pontes de integração" para facilitar a cognição e promover a universalização das orientações e requisitos que conformaram a escolha e construção das soluções gerenciais. Assim, para encerrar este capítulo, trazemos para você, leitor, a Figura 5.2, que retoma e sintetiza as principais questões ressaltadas por nós no âmbito deste e do capítulo anterior. A saber:

1 – a seleção dos modelos de referência pertinentes à organização em pauta entre os múltiplos disponíveis;

2 – a análise, tanto em nível macro quanto micro, da coerência e inter-relacionamento dos modelos de referência selecionados;

3 – a decisão de explicitação, englobando a formalização, documentação e diagramação do modelo de gestão;

4 – a conformação de todas as passagens pela cultura expressa na organização.

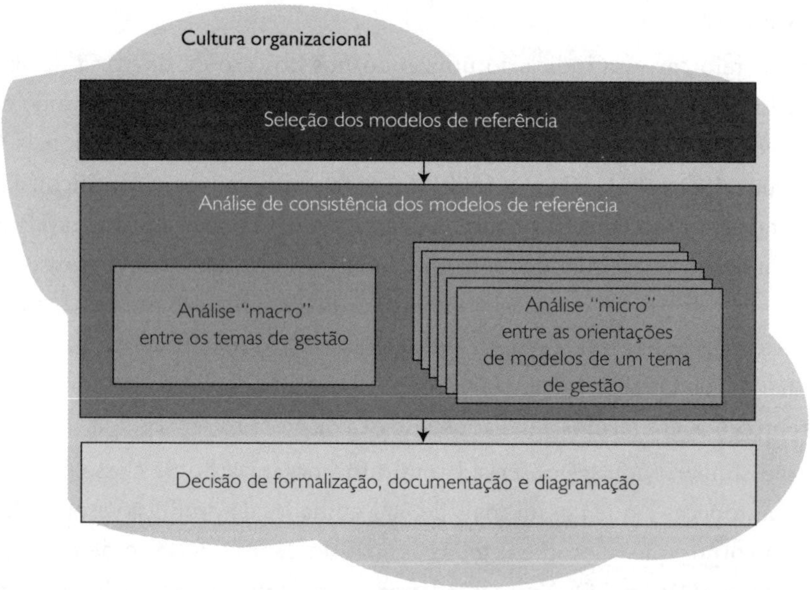

FONTE: Elaborada pelos autores.

FIGURA 5.2 Construção do modelo de gestão

CAPÍTULO 6

AVALIAÇÃO DO MODELO DE GESTÃO

6.1 CONCEITOS DE AVALIAÇÃO ORGANIZACIONAL

No mundo dinâmico em que estamos inseridos, não podemos nos deter apenas na construção da solução; esta precisa evoluir, ser aperfeiçoada e amadurecer. Assim, continuaremos com a abordagem das formas em que podemos avaliar e fazer evoluir os modelos de gestão, como mecanismo para o aprendizado e inovação da gestão das organizações.

Ao longo da nossa jornada, na exposição do papel dos modelos, tanto os de referência quanto os de gestão, foi recorrente sua indicação como valiosos instrumentos de avaliação e promoção do aprendizado. Esse benefício foi por vezes citado ao longo dos capítulos anteriores e não poderia deixar de ser tratado com um pouco mais de detalhes.

Contudo, antes de nos aprofundarmos em métodos e formas de utilização dos modelos para o aprendizado organizacional, esclareceremos alguns conceitos.

Empregam-se os termos "avaliação organizacional" ou "diagnóstico organizacional" para designar uma investigação que, desenhada sobre conceitos, modelos e métodos científicos, examina o estado atual de uma organização, auxiliando-a a encontrar soluções para seus problemas ou, ainda, alcançar maior eficácia (HARRISON; SHIROM, 1999).

Benavent (2006) expõe a definição de avaliação como um exame global, sistemático e regular das atividades e resultados da organização em comparação com um modelo de referência. Em seu estudo, afirma a importância dos modelos de referência no processo de avaliação e melhoria.

Segundo Van Der Wiele et al. (2000), uma pesquisa com amostra representativa das organizações norte-americanas (640 empresas da região de Boston) identificou que a avaliação proporciona cada vez mais benefícios às organizações. Utilizando-se desse trabalho, bem como de outros autores que abordam o tema da avaliação organizacional (HILLMAN, 1994; HARRISON, SHIROM, 1999), podem-se verificar os principais efeitos da avaliação sobre o desempenho das organizações:

- auxiliar na identificação das oportunidades de melhoria;
- fortalecer as práticas e ações de melhoria bem-sucedidas da organização;
- conduzir uma profunda conscientização sobre as práticas de gestão adotadas na empresa;
- permitir melhoria nas próprias atividades dos gerentes, uma vez que força o exame dessas atividades e o planejamento de ações;
- unir a gestão com o planejamento estratégico;
- promover motivação na busca de melhorias do processo;
- usar informações confiáveis da realidade da organização na tomada de decisão.

Para sintetizar o conceito de diagnóstico organizacional, pode-se utilizar a seguinte definição: "um ciclo, entendido, sistemático e regular, de revisão das atividades e resultados da organização sobre um modelo de excelência, culminando em ações melhor planejadas" (VAN DER WIELE et al., 2000). Hilman (1994) fortalece a associação entre o diagnóstico e os modelos quando define a equação a seguir:

$$\text{Avaliação} = \text{modelo} + \text{medição} + \text{gerenciamento}$$

O **modelo** é a base de referência para orientar o diagnóstico. A **medição** deve ser desenvolvida com base nos elementos do modelo adotado, permitindo resultados tangíveis, de forma a identificar as prioridades para as futuras melhorias. O **gerenciamento** de toda a avaliação ocorre desde a seleção do modelo, passando por preparação e planejamento da base de trabalho e pela comunicação dos planos de avaliação, chegando até a condução das atividades de implementação do diagnóstico (HILMAN, 1994).

6.2 CONCEITOS DE APRENDIZADO ORGANIZACIONAL

A alegação de que a aprendizagem organizacional é benéfica depende de dois argumentos, um analítico e outro normativo. De acordo com o argumento analítico "a sobrevivência em ambientes dinâmicos torna necessária a capacidade de aprendizagem" (SENGE, 1990, p. 2). Segundo o argumento normativo, a aprendizagem organizacional cria ambientes onde "as pessoas continuamente expandem sua capacidade de criar os resultados que elas realmente desejam, onde novos e expansivos padrões de pensamento são cultivados, onde a aspiração coletiva é posta em liberdade, e onde as pessoas estão continuamente aprendendo como aprender juntas" (SENGE, 1990, p. 2).

Diante desse contexto, torna-se relevante investigar quando e de que modo a aprendizagem organizacional é produtiva. Popper e Lipshitz (2000) sugerem que os mecanismos de aprendizagem organizacional irão provavelmente produzir aprendizado produtivo se forem embutidos em uma cultura organizacional apropriada. Os autores então propõem uma hierarquia de cinco valores. No ápice da hierarquia está a aprendizagem contínua, que requer informações válidas, transparência, orientação a resultado e responsabilidade final.

Segundo Popper e Lipshitz (1998), os mecanismos de aprendizagem organizacional (*organizational learning mechanisms* – OLMs) são arranjos processuais e estruturais institucionalizados os quais permitem que organizações aprendam de modo vicarial, ou seja, coletem, analisem, armazenem, disseminem e utilizem sistematicamente informações relevantes ao desempenho tanto seu quanto de seus membros.

Na proposição das organizações que aprendem, Argyris & Schön (1974) defendem a existência de dois circuitos de aprendizado: o *single loop learning*, segundo o qual a organização é capaz de detectar e corrigir os seus erros de forma a cumprir os objetivos delineados; e o *double loop learning*, no qual a organização se serve desse esforço de detecção e correção de erros para mudar as normas, políticas e objetivos que sustentam a organização.

Nesse sentido, Morgan (2007) destaca que o *double loop learning* necessita de que os tomadores de decisão sejam capazes de entender paradigmas, metáforas, posturas mentais e modelos que determinam como a organização opera, além de mudá-los quando preciso. Diante disso, é interessante destacar a importância da lógica trazida pelo livro na sugestão do uso de modelos de referência e modelos de gestão como OLMs.

Uma das dificuldades mais percebidas na trajetória das organizações é sua capacidade de integrar os dois circuitos dentro de um *double loop learning*. A adoção de modelos de referência na construção de um modelo de gestão para uma determinada organização e o uso destes na sistemática de aprendizado pode ser uma eficaz lógica de tratamento desse problema.

O que se espera é o estabelecimento de marcos para orientar os dois circuitos. Seguindo a proposta de Argyris & Schön (1974), o aprendizado de circuito simples pode ser chamado "circuito de desempenho", e o aprendizado de circuito duplo, "circuito de relevância". A comparação entre o modelo de gestão e a realidade da organização irá produzir um contorno lógico para a realização do primeiro circuito. As discussões e análises entre os modelos de gestão e os modelos de referência adotados, considerando os resultados de desempenho alcançados pelas organizações, contornarão, por sua vez, o segundo circuito.

6.3 MODELO DE REFERÊNCIA À GESTÃO, MODELO DE GESTÃO E O APRENDIZADO ORGANIZACIONAL

Algumas correntes do pensamento sistêmico indicam a importância da cognição organizacional e do processo pelo qual seus integrantes aprendem e interpretam as operações do sistema. Inúmeras publicações, como as de Checkland (1981 apud HARRISON; SHIROM, 1999), defendem a construção de modelos sistêmicos que reflitam um mapa cognitivo das soluções dos problemas organizacionais. A comparação entre mapas de diferentes organizações ou de diferentes momentos históricos de uma mesma organização pode, segundo o autor, contribuir para o aprendizado organizacional e para a construção de um consenso.

Nessa discussão, Harrison e Shirom (1999) destacam que os modelos utilizados para a avaliação organizacional devem ser menos específicos e menos determinísticos que as teorias. Tipicamente, focam um número limitado de conceitos-chave e relações sobre eles, bem como indicam variáveis específicas para operação e medição, o que os torna úteis para a orientação de diagnósticos.

Benavent (2006) afirma, ainda, que a contínua comparação entre o sistema de gestão da organização e um modelo de referência facilita e estrutura a implementação dos conceitos de gestão associados a esse modelo.

Harrison e Shirom (1999) destacam que vêm sendo utilizados modelos de referência específicos (pode-se estabelecer um paralelo com os metamodelos apresentados neste livro), construídos com base na integração de diferentes modelos de referência para a condução do diagnóstico. Segundo suas pesquisas, esses modelos incorporam as peculiaridades de cada organização e podem produzir resultados de diagnósticos mais focados.

Assim, é fácil concluir sobre a importância dos modelos de referências, metamodelos ou modelos de gestão para o aprendizado organizacional.

Um exemplo do processo de aprendizado organizacional pode ser observado na Figura 6.1, referente à Joal Teitelbaum, organização da área da construção civil, ganhadora do PNQ 2003.

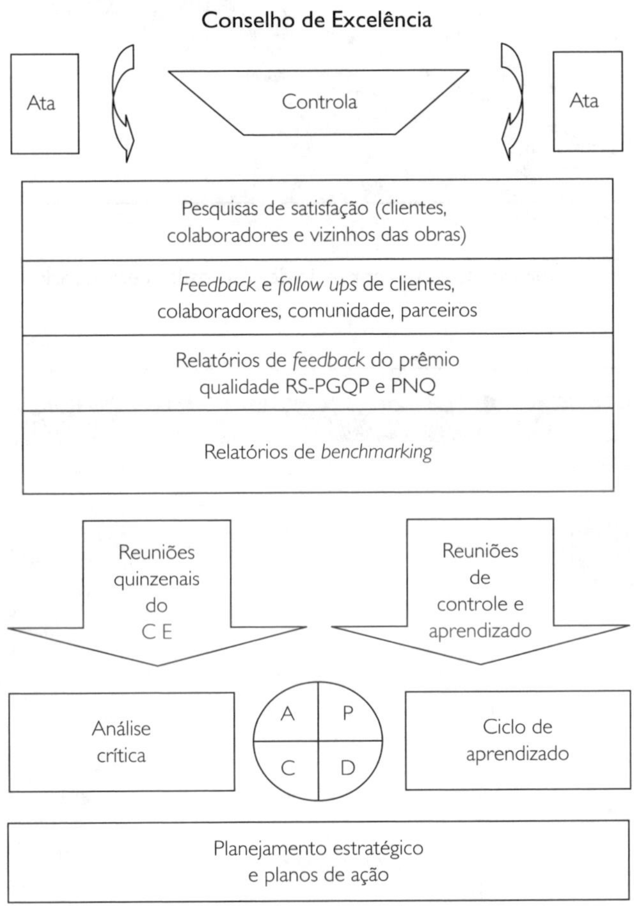

FONTE: Classe mundial, FPNQ (2003).

FIGURA 6.1 Exemplo de método de aprendizado

Outro exemplo que podemos trazer é o caso da siderúrgica Belgo Juiz de Fora, vencedora do Prêmio Nacional da Qualidade® em 2004, que iniciou sua jornada com a implementação da ISO 9001:1994 (Figura 6.2), e ao longo de 10 anos evoluiu na implementação de outros modelos e tecnologias de gestão, passando a realizar diagnósticos anuais como forma de refinar suas práticas gerenciais, além do processo de aprendizado, conforme Figura 6.3.

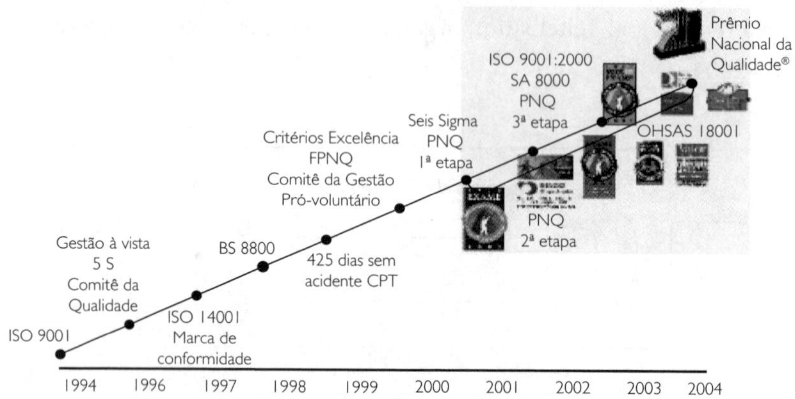

FONTE: Belgo Juiz de Fora (2004).

FIGURA 6.2 Exemplo de evolução da gestão por meio de diagnósticos organizacionais

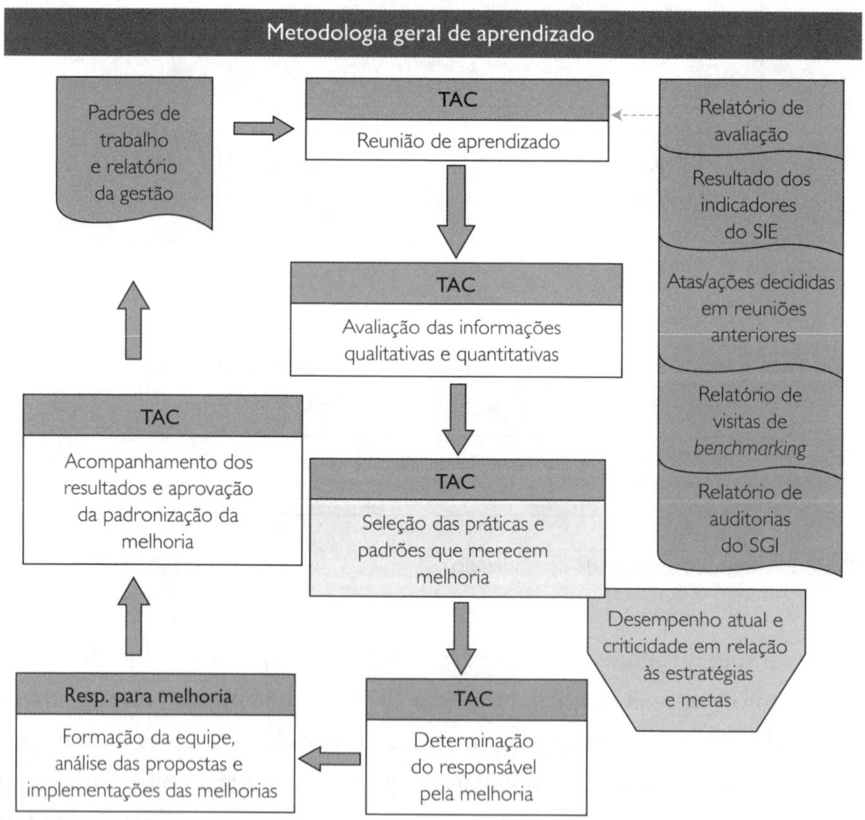

FONTE: Classe Mundial, FPNQ (2004).

FIGURA 6.3 Exemplo de método de aprendizado

Mais um exemplo que podemos apresentar é da Fras-le, organização ganhadora do PNQ 2007. Seu processo de aprendizado está estruturado em um conjunto de práticas que se inicia no planejamento estratégico, como se vê na Figura 6.4.

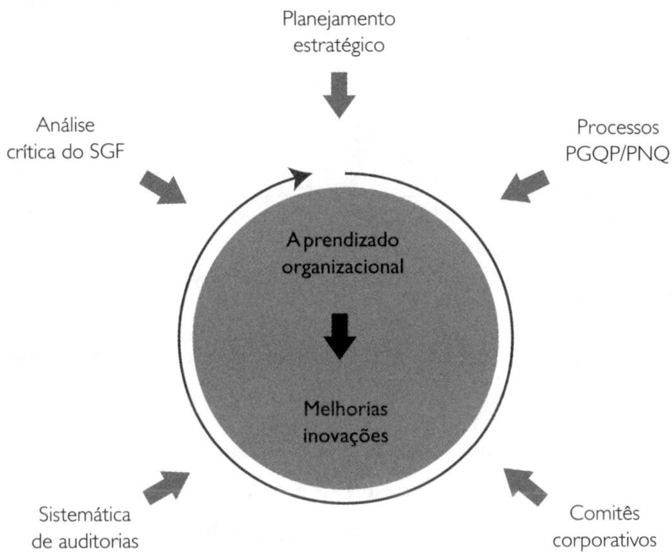

FONTE: Seminário Internacional em Busca da Excelência, FNQ (2008).

FIGURA 6.4 Exemplo de método de aprendizado

6.4 ESTABELECENDO UM "CICLO VIRTUOSO" PARA GESTÃO ORGANIZACIONAL

Retornemos ao estudo realizado por Cardoso (2008) com as 22 organizações consideradas *benchmarks* pela FNQ. Os resultados quantitativos desse estudo indicam que a construção do modelo de gestão possui forte relacionamento com o aprendizado organizacional, uma vez que este é capaz de representar o funcionamento e as inter-relações entre as práticas, bem como de suportar avaliações de diferentes modelos de referência.

Os resultados apontam também para o fato de que o processo de aprendizado fortalece as integrações dos modelos de referência à gestão inseridas no modelo de gestão.

Ao analisar esse estudo, percebemos que existe uma indicação de uma espécie de "ciclo virtuoso" de aprendizado organizacional e aprendizado da modelagem, o que pode ser representado pela Figura 6.5.

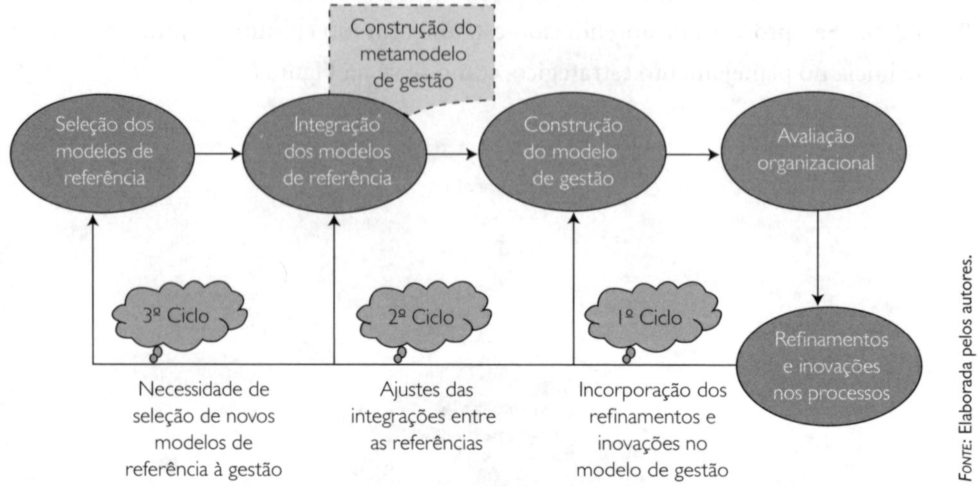

FIGURA 6.5 Modelos de referência à gestão, modelo de gestão e o aprendizado organizacional

Vamos iniciar a explicação da figura pela trajetória de construção, que corresponde à linha entre os balões superiores. Ela descreve a construção apresentada neste livro, e inicia-se com a seleção dos modelos de referência à gestão que vão orientar a organização. Em seguida, temos a integração entre os modelos de referência à gestão que pode, ou não, resultar na construção do metamodelo de gestão. O terceiro balão corresponde ao modelo de gestão, representação dinâmica das soluções de gestão construídas, e que serve de base para a avaliação organizacional.

Com a avaliação organizacional pode-se produzir, então, três circuitos de refinamento. O primeiro deles, mais amplamente encontrado nas organizações, avalia a eficácia das soluções de gestão adotadas, produzindo melhorias e inovações nas práticas e no modelo de gestão. Melhorias nas integrações entre as práticas de gestão podem ser conseguidas no circuito simples de aprendizado.

O segundo ciclo ocorre quase naturalmente, quando as organizações utilizam de forma eficaz a modelagem apresentada neste livro (integração de múltiplos modelos de referência à gestão e o modelo de gestão). Aqui, o conhecimento gerado pelo ciclo de aprendizado retorna às "pontes de integração" realizadas entre as referências, produzindo integrações ainda mais sinérgicas. Pode-se identificar novas integrações que fortaleceram a consistência do modelo de gestão ou, até mesmo, "desligar" integrações que não se demonstraram verdadeiras quando traduzidas no modelo de gestão.

O terceiro ciclo é resultado do amadurecimento do processo de aprendizado por meio de execuções sucessivas. Nesse ciclo, o conhecimento da gestão da organização permite questionar a escolha das referências utilizadas, ocasionando novas escolhas ou o abandono de referências inadequadas. Nesse circuito, as premissas que orientaram os gestores na escolha das referências pode ser questionada, conduzindo a novas escolhas. É oportuno destacar que nem todas as referências são aplicáveis a qualquer organização e que as referências produzem resultados distintos de uma organização para outra.

CAPÍTULO 7

CONCLUSÃO

Agora que chegamos ao final desta jornada, começamos nossa aterrissagem relembrando o que aprendemos ao longo do voo. É importante ressaltar que nosso principal objetivo **não foi encerrar uma discussão com conceitos e ferramentas amplamente discutidas e consolidadas**, mas, sim, **estabelecer direcionamentos que possam orientar discussões futuras quanto à utilização de modelos de referência à gestão** na construção de organizações com desempenho de classe mundial sustentável.

7.1 A LÓGICA

Iniciamos esta breve síntese com a lógica que buscamos apresentar de forma detalhada ao longo de nossa exposição. A premissa sobre a qual conduzimos este voo foi a de que as organizações utilizam-se de diversos modelos de referência à gestão. Diante disso, acreditamos que é possível estabelecer um ciclo virtuoso que se inicia com a seleção das referências e modela de forma sistêmica a gestão da organização. A Figura 7.1 busca representar a proposta que construímos nesta obra.

Seja em função de necessidades da organização ou legitimidade perante as partes interessadas, observa-se hoje que os modelos de referência à gestão tornaram-se parte do cotidiano empresarial. Adicionalmente, sabemos que são utilizados diferentes modelos, função de especificidades de áreas, processos, relacionamentos com diferentes partes interessadas etc.

Essa situação, segundo nossa visão, não pode tornar-se um problema para a organização, a causa de uma gestão fracionada, desintegrada e, inclusive, incoerente com o contexto em que está inserida e com o seu posicionamento. Em nossa jornada, propomos que as organizações assumam a condição de usuárias de múltiplos modelos de referência à gestão. Assim, elas poderão reverter essa condição em benefícios para seu desempenho sustentável.

Como primeira decisão a ser tomada, apresentamos a seleção dos modelos que serão adotados. Ressaltamos, dessa forma, a preocupação com o alinhamento da seleção aos problemas organizacionais e desafios futuros que se colocam. Deve-se, portanto, ter em mente o objetivo de compatibilizar as referências com o ambiente de negócio e as estratégias da organização.

Destacamos ainda a importância em considerar a utilidade dos modelos de referência à gestão como mecanismos para o sistema de aprendizado da organização. Nesse sentido, chamamos a atenção para a compatibilidade entre cada uma das referências adotadas, a cultura organizacional e suas especificidades operacionais. Por fim, mencionamos as vantagens dos modelos de sistema aberto.

Em seguida, mostramos que é necessário definir a abordagem a ser utilizada para tratar o uso de múltiplos modelos. Ficou claro para o leitor que nossa indicação aponta para abordagem integradora (ver item 4.1 – Múltiplos modelos de referência), buscando a consistência entre os modelos de referência. Orientamos também a realização de uma análise "macro" entre os temas de gestão das referências, seguida de uma análise "micro" entre as orientações de cada modelo dentro de cada tema de gestão.

Nessa ordem de ideias, indicamos que a consistência pode ser obtida por meio das "pontes de integração", realizadas na construção do metamodelo de gestão (ver item 4.3). Adicionalmente, apresentamos o conceito de Diagnóstico de Precisão trazido por Harrison e Shirom (1999). Nosso intuito era fortalecer os benefícios com a compatibilização e a integração dos modelos de referência à gestão, bem como com a construção do metamodelo de gestão.

Nossa jornada caminhou para a construção do modelo de gestão, que permite uma interconexão lógica das práticas de gestão, possibilitando que os tomadores de decisão operem a partir de uma lógica referenciada. Entendemos que a construção dos modelos de gestão viabiliza o estabelecimento de novas "pontes de integração", agora sobre as soluções adotadas, representando ainda a dinâmica da realidade esperada.

Nesse momento, reforçamos, por meio dos casos apresentados, a ideia de que o metamodelo facilita essa passagem, uma vez que encontra as pontes estabelecidas explicitadas na primeira integração.

Em uma pequena pausa, retornamos à discussão da cultura organizacional para expressar que existirá uma unicidade em cada modelo de gestão construído, a qual deve ser entendida e respeitada. O modelo de gestão, bem como sua internalização, será tão mais eficaz quanto maior for seu alinhamento à cultura da organização.

Seguimos, então, salientando não só a importância da explicitação do modelo de gestão como artefato cognitivo, mas também sua relevância na comunicação de uma racionalidade para os atores que compõem o sistema sociotécnico da organização e na compreensão sistêmica do todo em que estão inseridos.

Ao final, apresentamos a ligação entre a modelagem da gestão e o aprendizado organizacional. Trouxemos alguns conceitos e discussões sobre a avaliação organizacional e de sua sustentação no triedro modelo + medição + gerenciamento.

Apimentamos todas essas informações com a discussão sobre pensamento sistêmico e os sistemas de *single loop* e *double loop*. Mais uma vez, pareceu-nos que fomos capazes de expressar os benefícios da modelagem da gestão em termos da integração de múltiplos modelos de referência à gestão e da construção de metamodelo e modelo de gestão.

Podem agora consolidar todo o livro, traduzindo os três circuitos de aprendizado, expressos na Figura 6.5 (Modelos de referência à gestão, modelo de gestão e o aprendizado organizacional), na lógica de integração e construção do modelo de gestão, conforme esquematizado na Figura 7.1.

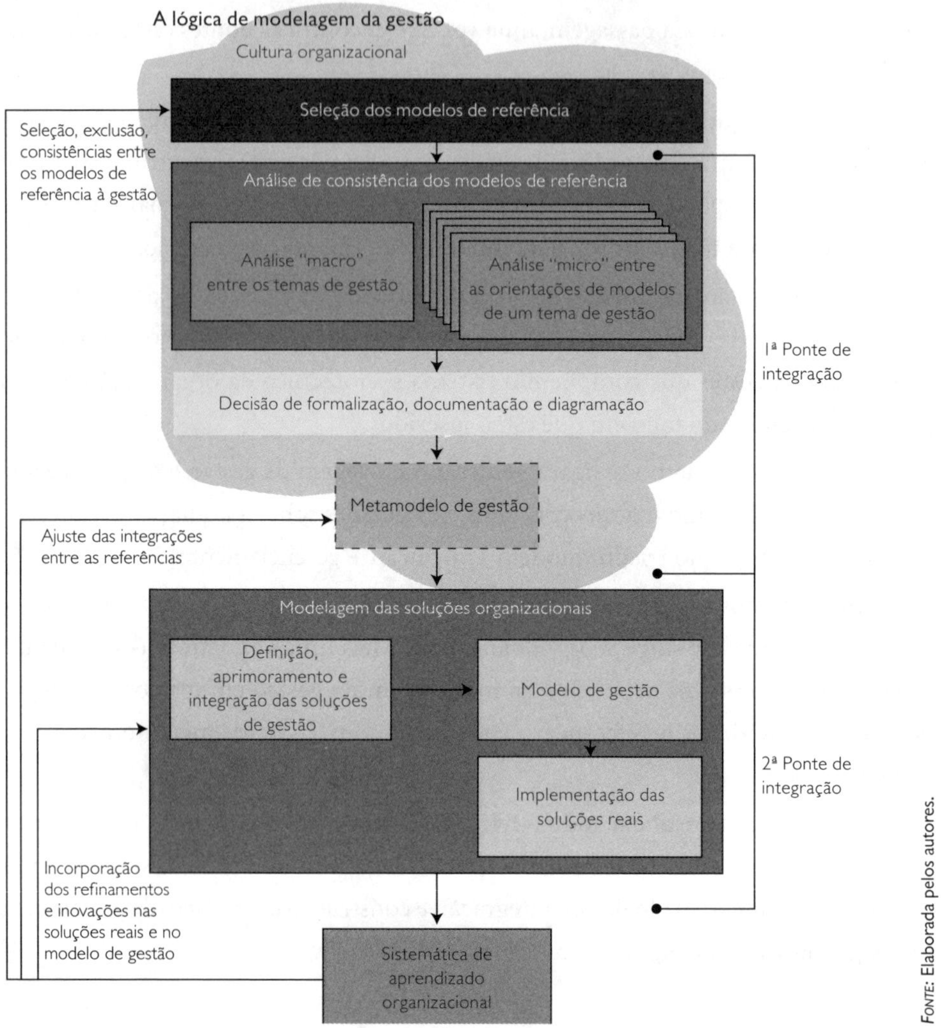

FIGURA 7.1 Lógica de modelagem da gestão utilizando-se de múltiplos modelos de referência à gestão

7.2 CONCLUINDO: ALGUMAS PERGUNTAS ESQUECIDAS

No item 1.4.6.1 – Os "empacotamentos": propósitos e perspectivas, fizemos algumas perguntas que nos foram motivadoras nas discussões deste livro. Entretanto, não destinamos nenhum capítulo para suas respostas, pois, na verdade, esperamos tê-las respondido ao longo de toda nossa discussão.

Assim, achamos que seria válida uma breve consolidação sobre as perguntas e nossas respostas.

Essas referências são realmente aplicáveis para todos os tipos de organizações?

Em nossa jornada, vimos que existem diferentes tipos de modelos de referência à gestão, com diversos "graus" de universalização. Aprendemos também que a compatibilização dessas referências com a cultura e a especificidade das organizações é fator preponderante para o sucesso de sua adoção.

Todavia, é pertinente ressaltar que a unicidade está mais associada àquilo que se constrói com base na referência, ou seja, os modelos de gestão é que são únicos. As referências, se recortadas ou customizadas diante de cada organização, potencializam sua universalidade.

Dependendo da cultura da organização, leitura, aplicação e entendimento seriam os mesmos?

Parte da nossa resposta já foi expressa na questão anterior. Complementando, vimos que cada organização deverá ter uma leitura diferente das referências. No entanto, propomos neste livro um tratamento comum (Figura 7.1), que pode ser adotado por qualquer organização, mesmo que com alguma adaptação.

Organizações como Google, Apple, 3M e outras com foco muito forte na inovação, no desenvolvimento tecnológico e com grande sucesso empresarial atenderiam aos requisitos das principais referências à gestão?

Esta pergunta pode ser respondida em termos de modelo de referência à gestão e dos requisitos nele contido. Os modelos de referência à gestão tendem a ser universais, como comentamos, e sempre requerem uma tradução frente a realidade de cada organização. Essa tradução e integração com outros modelos, considerando inclusive recortes na referência, é que vão determinar a aplicabilidade na organização. O que é necessário relembrar é que, utilizando-se do circuito triplo, a organização pode concluir que um determinado modelo não é o mais adequado as suas especificidades.

Agora, se o foco da pergunta for sobre os requisitos dos modelos de referência, a resposta muda. Não é difícil concluir que as organizações inovadoras em termos de gestão e que não seguem a universalidade dos paradigmas gerenciais poderão se esbarrar com requisitos tradicionais dos modelos de referência que não podem ser atendidos.

Atualmente, o tema inovação tem sido colocado como grande diferencial competitivo para as organizações, mas o que vem depois da inovação?

Não achamos que seja possível dizer o que vem depois da inovação. Contudo, temos a crença de que a discussão sobre o pensamento sistêmico dentro das organizações, a consideração destas como sistemas complexos e abertos, e a inovação serão temas centrais nos próximos anos. No fórum empresarial realizado pela FNQ em 2009, abordando o tema Inovação, os participantes (executivos, empresários e consultores de destaque no Brasil) apresentaram algumas indicações importantes (FNQ, 2009/2010):

- A empresa inovadora sustentável é aquela que combina, com maestria, posturas de disciplina e padronização com a flexibilidade e a liberdade de criação;
- A criação do vínculo entre as pessoas e a organização é fundamental para o estabelecimento de um ambiente inovador. A organização, para tal, necessita estabelecer transparência nas relações e a visão do todo;
- O valor percebido em organizações que atuam em ambientes flexíveis e integrados independente da estrutura formal, ou seja, organizações com estruturas organizacionais fluidas, com mobilidade, adaptabilidade e comunicação aberta tendem a serem mais inovadoras.
- A abertura para a possibilidade de erro e CE aprendizagem com o fracasso são aspectos relevantes para o processo de inovação.

REFERÊNCIAS

AHLEMANN, F.; GASTI, H. Process model for a empirically grounded reference model construction. In: FETTKE, Peter; LOOS, Peter (Ed.). *Reference modeling for business systems analysis.* Hershey: Idea Group Publishing, 2007.

ANDERSON, D. R.; SWEENEY, D. J.; WILLIAMS, T. A. *An introduction to management science:* quantitative approaches to decision making. 6th ed. USA: St. Paul, West Publishing, 1991.

ARGYRIS, C.; SCHÖN, D. *Organizational learning.* New York: Addison-Wesley, 1974.

ASSOCIAÇÃO BRASILEIRA DE NORMAS TÉCNICAS (ABNT). *NBR ISO 9001:* sistema de gestão da qualidade – requisitos. Rio de Janeiro, 2008a.

ASSOCIAÇÃO BRASILEIRA DE NORMAS TÉCNICAS (ABNT). *NBR ISO 14001:* sistema de gestão ambiental. Rio de Janeiro, 2004.

ASSOCIAÇÃO BRASILEIRA DE NORMAS TÉCNICAS (ABNT). *NBR 15999-2:* sistema de gestão para continuidade dos negócios. Rio de Janeiro, 2008b.

BARNARD, C. *Organization and management.* Massachusetts: Harvard University Press, 1948.

BAUER, R. *Gestão da mudança:* caos e complexidade nas organizações. São Paulo: Atlas, 1999.

BECKER, J.; KNACKSTEDT, R. Construction and application of reference models for data warehousing. In: UHR, W.; ESSWEIN, W.; SCHOOP, E. (Ed.). *Wirtschaftsinformatik 2003/ Band II*: Medien – Märkte – Mobilität. Heidelberg: Physica-Verlag Heidelberg, 2003.

BEER, M.; VOELPEL, S. C.; LEIBOLD, M. Strategic management as organizational learning: developing fit and alignment through a disciplined process. *Long Range Planning,* v. 38, n. 5, p. 445-465, out. 2005.

BENAVENT, F. B. TQM – application through self-assessment and learning: some experiences from two EQA applicants. *Quality Management Journal*, Milwaukee (USA), American Society for Quality, v. 13, n. 1, p. 7-25, 2006.

BIANCO, M. F.; SALERMO, M. S. Como o TQM opera e o que muda nas empresas? Um estudo a partir de empresas líderes no Brasil. *Revista Gestão e Produção*, São Carlos, v. 8, n. 1. p. 56-67, 2001.

BOGGS, W. B. TQM and organizational culture: a case study. *Quality Management Journal*, Milwaukee (USA), American Society for Quality, v. 11, n. 2, p. 42-52, 2004.

BOYER, R.; FREYSSENET, M. Emergence of new industrial models: hypothesis and analytical procedure. *Actes du GERPISA*, n. 15, juillet 1995, 169 p. Digital publication, gerpisa.univ-evry.fr, 2001, 1,5 Mo; freyssenet.com, 2006, 2,2 Mo.

BROWN, S. L.; EISENHARDT, K. M. *Estratégia competitiva no limiar do caos:* uma visão dinâmica para a transformação corporativas. Tradução de Marta Rosas. São Paulo: Cultrix, 2004.

BYRD, Terry Anthony; TURNER, Douglas E. *An exploratory examination of the relationship between flexible IT infrastructure and competitive advantage.* Amsterdam: Elsevier Science B.V., p. 41-52, 2001.

CAJAZEIRA, J. *Responsabilidade social nas empresas classe mundial no Brasil:* desempenho sustentável ou só discurso? 2005. Dissertação (Mestrado em Administração de Empresas) – Escola de Administração de Empresas de São Paulo da Fundação Getulio Vargas, São Paulo, 2005.

CAMERON, K.; SINE, W. A framework for organizational quality culture. *Quality Management Journal*, Milwaukee (USA), American Society for Quality, v. 6, n. 4, p. 7-25, 1999.

CAPRA, F. *As conexões ocultas:* ciência para uma vida sustentável. 3. ed. São Paulo: Pensamento/ Cultrix, 2002.

CARDOSO, R. *Construção de modelos de gestão articulados por modelos de referência:* uma investigação sobre o uso dos modelos de referência de qualidade e excelência. 2008. Tese (Doutorado em Engenharia de Produção) – Programa de Engenharia de Produção da Universidade Federal do Rio de Janeiro, Rio de Janeiro, 2008.

CARDOSO, R.; SPIEGEL, T.; CAULLIRAUX, H.; PROENÇA, A. Uma investigação do uso de modelos de referência para construção de modelos de gestão. *Anais XXVIII ENEGEP*, Rio de Janeiro, 2008.

CARSON, G. *Production handbook*. 2. ed. New York: Ronald Press, 1967.

CASTELLS, M.; HALL, P. *Tecnópolis del mundo*: la formación de los complejos industriales del siglo XXI. Madrid: Alianza, 2001.

CAULLIRAUX, H.; PROENÇA, A. Gestão: introdução conceitual. In: CAULLIRAUX, H.; YUKI, M. *Gestão pública e reforma administrativa* – conceitos e casos: a experiência de Florianópolis. Rio de Janeiro: Lucerna, 2004.

CHECKLAND, P. *Systems thinking, systems practice*. New York: John Wiley and Sons, 1981.

CHILE CALIDAD. *Criterios de excelencia y guía para la elaboración del informe de autoevaluación 2008*. Chile, 2008.

COMMITTEE OF SPONSORING ORGANIZATIONS OF THE TREADWAY COMMISSION (COSO). *Enterprise Risk Management – Integrated Framework – Executive Summary.* USA, 2004.

COMMITTEE OF SPONSORING ORGANIZATIONS OF THE TREADWAY COMMISSION (COSO). *Guidance on monitoring internal control systems* – introduction. USA, 2009.

CORPORATIÓN CALIDAD. Premio colombiano a la calidad de la gestión. *Guia para las organizaciones 2008*. Colombia, 2008.

CROSBY, Philip B. *Quality is free.* New York: McGraw-Hill, 1979.

DAFT, R. *Organizações:* teoria e projetos. São Paulo: Cengage Learning, 2003.

DE GEUS, A. *A empresa viva*. Rio de Janeiro: Campus/Elsevier, 1998.

DE PAULA, Alexandre T. *Avaliação do impacto potencial da versão 2000 das normas ISO 9000 na gestão e certificação da qualidade:* o caso das empresas construtoras. 2004. Dissertação (Mestrado em Engenharia de Construção Civil e Urbana) – Escola Politécnica da Universidade de São Paulo, São Paulo, 2004.

DRAZIN, R.; VAN DE VEN, A. Alternative forms of fit in contingency theory. *Administrative Science Quarterly*, v. 30, p. 514-539, 1985.

DRUCKER, P. *A administração na próxima sociedade.* São Paulo: Nobel, 2002.

DRUCKER, P. *O gerente eficaz*. 3. ed. Rio de Janeiro: Zahar, 1972.

ETZIONI, A. *Organizações modernas.* 7. ed. São Paulo: Pioneira, 1984.

EUROPEAN FOUNDATION FOR QUALITY MANAGEMENT. *EFQM excellence model.* Belgium, 2009.

FETTKE, Peter; LOOS, Peter. Perspectives on reference modeling. In: FETTKE, Peter; LOOS, Peter (Ed.). *Reference modeling for business systems analysis.* Hershey: Idea Group Publishing, 2007.

FETTKE, Peter; LOOS, Peter; ZWICKER, Jörg. Business reference model: survey and classification. *III International Conference on BPM*, France, 2005.

FORD, Mathiew W.; EVANS, James R. Conceptual foundations of strategic planning in the Malcolm Baldrige criteria for performance excellence. *Quality Management Journal*, ASQ, v. 7, n. 1, p. 8-26, 2000.

FÓRUM DE INOVAÇÃO DA FGV-EAESP. Apresentações diversas (www.inovforum.org.br). São Paulo, 2009.

FUNDAÇÃO NACIONAL DA QUALIDADE (FNQ). *Cadernos de excelência:* introdução ao Modelo de Excelência da Gestão®. São Paulo, 2007.

FUNDAÇÃO NACIONAL DA QUALIDADE (FNQ). *Classe mundial.* São Paulo, 2003.

FUNDAÇÃO NACIONAL DA QUALIDADE (FNQ). *Classe mundial.* São Paulo, 2004.

FUNDAÇÃO NACIONAL DA QUALIDADE (FNQ). *Classe mundial.* São Paulo, 2005.

FUNDAÇÃO NACIONAL DA QUALIDADE (FNQ). *Classe mundial.* São Paulo, 2006.

FUNDAÇÃO NACIONAL DA QUALIDADE (FNQ). *Classe mundial.* São Paulo, 2007/2008

FUNDAÇÃO NACIONAL DA QUALIDADE (FNQ). *Classe mundial.* São Paulo, 2008/2009.

FUNDAÇÃO NACIONAL DA QUALIDADE (FNQ). *Classe mundial.* São Paulo, 2009/2010.

FUNDAÇÃO NACIONAL DA QUALIDADE (FNQ). *Conceitos fundamentais de excelência em gestão.* São Paulo, 2006.

FUNDAÇÃO NACIONAL DA QUALIDADE (FNQ). *Critérios de excelência 2009:* avaliação e diagnóstico da gestão organizacional. São Paulo, 2009.

FUNDAÇÃO NACIONAL DA QUALIDADE (FNQ). *Critérios de excelência 2010:* avaliação e diagnóstico da gestão organizacional. São Paulo, 2010.

FUNDACIÓN PREMIO NACIONAL A LA CALIDAD. *Bases y condiciones del premio nacional a la calidad.* Argentina, 2009.

GARVIN, David A. *Gerenciando a qualidade:* a visão estratégica e competitiva. Tradução de João Ferreira Bezerra de Souza. Rio de Janeiro: Qualitymark, 2002.

GHARAJEDAGHI, J. *Systems thinking:* managing caos and complexity, a plataform for designing business architecture. Boston: Butterworth-Heinemann, 1999.

GHOBADIAN A.; GALLEAR D. N. *TQM implementation:* an empirical examination and proposed generic model. *OMEGA*, v. 29, n. 4, p. 343-359, 2001.

GIBSON, J. L.; IVANCEVICH, J. M.; DONNELLY JR., J. H.; KONOPASKE, R. *Organizações:* comportamento, estrutura e processos. São Paulo: McGraw-Hill, 2006.

GLOBAL REPORTING INITIATIVE. *Diretrizes para relatório de sustentabilidade.* Brasil, 2000-2006.

GPI/COPPE/UFRJ. *Relatório das atividades da linha de pesquisa de modelo de gestão.* Publicação interna, 2007.

HAIR J. F.; BABIN, B.; MONEY, A. H.; SAMOUEL P. *Fundamentos de métodos de pesquisa em administração.* Tradução de Lene Belon Ribeiro. Porto Alegre: Bookman, 2006.

HAIR, J. F.; ANDERSON, R. E.; TATHAM, R. L.; BLACK, W. C. *Multivariate data analysis.* 4th ed. New Jersey: Prentice Hall, 1995.

HANDY, C. *A era da irracionalidade.* São Paulo: Ctop, 1991.

HARDING, S.; LONG T. *Proven management tools.* Great Britain: Aldershot, Gower, 1998.

HARRISON, Michael I.; SHIROM, Arie. *Organizational diagnosis and assessment.* Thousand Oaks: Sage Publications, 1999.

HAYES, Bob E. *Measuring customer satisfaction.* Milwaukee: Quality Press, 1992.

HAYES, R.; PISANO, G.; UPTON, D.; WHEELWRIGHT, S. *Produção, estratégia e tecnologia:* em busca da vantagem competitiva. Porto Alegre: Bookman, 2008.

HAYES, Robert H.; PISANO, Gary P. Beyond world-class: the new manafacturing strategy. *Harvard Business Review*, Jan./Feb. 1994.

HILLMAN, Peter G. Making self-assessment successful. *TQM Magazine*, MCB University Press, v. 6, n. 3, p. 29-31, 1994.

HOLANDA, A. B. F. de. *Dicionário Aurélio eletrônico* – século XXI. Versão 3.0. Rio de Janeiro: Nova Fronteira, 1999.

HYDER, Elaine B.; KEITH Heston M.; PAULK, Mark C. *eSCM-SP:* eSourcing capability model for service providers. 2th ed. Pittsburgh: Carnegie Mellon University, 2004.

INFORMATION SYSTEMS AUDIT AND CONTROL ASSOCIATION (Isaca). Disponível em: <http://www.isaca.org>. Acesso em: 30 jun. 2009.

INSTITUTO BRASILEIRO DE GOVERNANÇA CORPORATIVA. Disponível em: <http://www.ibgc.org.br>. Acesso em: 30 jun. 2009.

INSTITUTO ETHOS DE EMPRESAS E RESPONSABILIDADE SOCIAL. Disponível em: <http://www1.ethos.org.br>. Acesso em: 30 jun. 2009.

INSTITUTO NACIONAL DE METROLOGIA, NORMALIZAÇÃO E QUALIDADE INDUSTRIAL (INMETRO). Disponível em: <http://www.inmetro.gov.br/gestao9000>. Acesso em: 14 ago. 2009.

INSTITUTO PARA EL FOMENTO A LA CALIDAD TOTAL A. C. *Modelo nacional para la competitividad.* México, 2009.

ISO. About ISO; TC 207. Disponível em: <http://www.tc207.org/About207.asp>. Acesso em: 11 jan. 2010.

ISO. How are ISO standard developed? Disponível em: <http://www.iso.org/iso/en/stdsdevelopment/whowhenhow/how.html>. Acesso em: 8 jul. 2009.

JURAN, J. M. *A qualidade desde o projeto:* novos passos para o planejamento da qualidade em produtos e serviços. Tradução de Nivaldo Montingelli. São Paulo: Pioneira, 1992.

KARATHANOS, Demetrius. Using the Malcolm Baldrige criteria for performance excellence to teach an MBA-Level TQM course. *Quality Management* Journal, v. 6, n. 1, p. 19-28, 1999.

KATZ, D.; KAHN, R. L. *Psicologia social das organizações.* 2. ed. Rio de Janeiro: Atlas, 1975.

KAUFFMAN, S. A. *At home in the universe:* the search for the laws of delf-organization and complexity. New York: Oxford University Press, 1995.

KELLER, G.; TEUFEL, T. *SAP R/3 process-oriented implementation.* England: Harlow, Addison Weley Longman, 1998.

KOUZES, J. M.; POSNER, B. Z. *O desafio da liderança.* 3. ed. Tradução de Ana Beatriz Rodrigues. Rio de Janeiro: Elsevier, 2003.

KUJALA J.; LILLRANK, P. Total quality management as a cultural phenomenon. *Quality Management Journal*, Milwaukee (USA), American Society for Quality, v. 11, n. 4, p. 43-55, 2004.

MALCOLM BALDRIGE NATIONAL QUALITY AWARD. *Criteria for performance excellence 2009-2010.* USA, 2009.

MARIOTTI, H. *Pensamento complexo:* suas aplicações à liderança, à aprendizagem e ao desenvolvimento sustentado. São Paulo: Atlas, 2007.

MATURANA, H. *Cognição, ciência e vida cotidiana.* Tradução de Cristina Magro e Victor Paredes. Belo Horizonte: Editora da UFMG, 2001.

MCGRATH, M. E. Improving supply-chain management: the first cross-industry operations reference-model can change the way business is done by all. *Logistics today*, v. 38, n. 1, p. 78-79, 1997.

MINTZBERG, H.; LAMPEL, J.; QUINN, J.; GHOSHAL, S. *O processo da estratégia:* conceitos, contextos e casos selecionados. 4. ed. Porto Alegre: Bookman, 2003.

MORGAN, G. *Imagens da organização*: edição executiva. 2. ed. Tradução de Geni G. Goldschimidt. São Paulo: Atlas, 2007.

MORIN, E. *Introduction à la pensée complexe.* Paris: ESF Éditeur, 1990.

NATIONAL INSTITUTE OF STANDARDS AND TECHNOLOGY (NIST). Disponível em: <http://www.quality.nist.gov>. Acesso em: 30 jul. 2009.

NOEL, A. Strategic cores and magnificent obsessions: discovering strategy formation through the daily activity of CEOs, *Strategic Management Journal*, 10 (Special Issue) p. 33-50, 1989.

NONAKA, I.; TAKEUCHI, H. *Criação de conhecimento na empresa:* como as empresas japonesas geram a dinâmica. Rio de Janeiro: Campus/Elsevier, 1997.

NUNNALY, Jum C. *Psychometric theory.* New York: McGraw-Hill, 1967.

OHNO, T. *O sistema Toyota de produção:* além da produção em larga escala. Tradução de Cristina Schumacher. Porto Alegre: Bookman, 1997.

OHSAS 18001. *O que é a especificação OHSAS 18001?* Disponível em: <http://www.pt.sgs.com/pt/ohsas_18001-10.htm?serviceId=14340&lobId=24178>. Acesso em: 12 jun. 2009.

OHSAS 18001. *OHSAS 18001:* sistemas de gestão para segurança e saúde ocupacional – especificação. Disponível em: <http://www.ergonomia.ufpr.br/ohsas_18001.pdf>. Acesso em: 12 jun. 2009.

OHSAS 18001. *Saiu a nova versão da OHSAS 18001.* Disponível em: <http://www.br.sgs.com/pt_br/theproof_br/theproof_br_3/saiu_a_nova_versao_da_ohsas_18001_theproof_br.htm>. Acesso em: 12 jun. 2009.

OUCHI, W. *Teoria Z:* como as empresas podem enfrentar o desafio japonês. 2. ed. São Paulo: Fundo Educativo Brasileiro, 1982.

PACHECO, A. P. S. *Aprendizado por meio de um processo de autoavaliação de uma organização que adota múltiplas referências à gestão em múltiplas unidades de negócio:* um estudo de caso na área de abastecimento da Petrobras. 2007. Trabalho de Conclusão de Curso (Monografia) – Curso de Pós-Graduação *Lato Sensu* em Gestão para Excelência da Faculdade de Tecnologia do Senai, Florianópolis, 2007.

PAGLIUSO, A. T.; CARDOSO, R. *Gestão organizacional*: passado, presente e futuro em tecnologia industrial básica – trajetória, tendências e desafios no Brasil. MCT – Ministério da Ciência e Tecnologia, Brasília, 2005.

PENROSE, E. *The theory of the growth of the firm*. 3th ed. New York: Oxford University Press, 1995.

PERROW, C. *Normal accidents*: living with high-risk technologies. 2th ed. New Jersey: Princeton University Press, 1999.

PETERAF, M.; REED, R. Managerial discretion and internal alignment under regulatory constraints and change. *Strategic Management Journal*, v. 28, p.1089-1112, 2007.

PIDD, M. *Just modeling through*: a rough guide to modeling. Department of Management Science – The Management School – Lancaster University, 1998.

PINHEIRO DE LIMA, E.; LEZANA, A. G. R. Desenvolvendo um *framework* para estudar a ação organizacional: das competências ao modelo organizacional. *Revista Gestão e Produção*, São Carlos, v. 2, n. 2. p. 177-190, 2005.

PMBOK® (PMI). Disponível em: <http://www.12manage.com/methods_pmi_pmbok_pt.html>. Acesso em: 10 jun. 2009.

PMBOK®, CAPÍTULO DE MINAS GERAIS DO PMI. PMBOK® 2000 (tradução livre). Belo Horizonte. 2002.

POMBO, F. R.; MAGRINI, A. Panorama de aplicação da norma ISO 14001 no Brasil. *Revista Gestão e Produção*, São Carlos, v. 15, n. 1, p. 1-10, jan./abr. 2008.

POPPER, M.; LIPSHITZ, R. Organizational Learning Mechanisms: a cultural and structural approach to organizational learning. *Journal of Applied Behavioral Science*, v. 34, p. 161-178, 1998.

POPPER, M.; LIPSHITZ, R. Organizational Learning: mechanisms, culture and feasibility. *Management Learning*, v. 31, n. 2, p. 181-196, 2000.

RADFORD, G. S. *The control of quality in manufacturing*. New York: The Ronald Press Company, 1922.

RECKER, J.; ROSERMANN, M.; VAN DER AALST, W. M. P.; JANSEN-VULLERS, Monique; DREILING, A. Configurable reference modeling languages. In: FETTKE, Peter; LOOS, Peter (Ed.). *Reference modeling for business systems analysis*. Hershey: Idea Group Publishing, 2007.

ROBERTS, John. *Teoria das organizações:* redesenho organizacional para o crescimento e desempenho máximos. Tradução de Ana Beatriz Tavares e Daniela Lacerda. Rio de Janeiro: Elsevier, 2005.

ROSEMANN, M.; VAN DER AALST, W. M. P. A Configurable reference modelling language. *Information Systems*, v. 32, p. 1-3, 2007.

RUSSO, M. V.; CORBETT, C. J. ISO 14001: irrelevant ou invaluable. *ISO Management Systems*, p. 23-29, 2001.

SANTOS, Luciana de A. A.; LEMES, Sirlei. Desafios das empresas brasileiras na implantação da Lei Sarbanes-Oxley. *BASE* – Revista de Administração e Contabilidade da Unisinos, 4(1):37-46, jan./abr. 2007.

SCHEIN, E. *Organizational culture and leadership.* 3rd ed. San Francisco: Jossey-Bass, 2004.

SCHELP, J.; WINTER, R. Method engineering: lessons learned from reference modeling. *Design Science Research in Information Systems and Technology (DESRIST).* USA: Claremont, p. 24-25, fev. 2006.

SCHUMPETER, J. A. *Capitalismo, socialismo e democracia.* Rio de Janeiro: Zahar, 1984.

SEBASTIANELLI, R.; TAMINI, N. Understanding the obstacles to TQM success. *Quality Management Journal*, Milwaukee (USA), American Society for Quality, v. 10, n. 3, p. 45-56, 2003.

SEI – SOFTWARE ENGINEERING INSTITUTE. CMMI. Carnigie Mellon University. 2005.

SENGE, P. M. *The fifth dicipline:* the art & practice of the learning organization. New York: Doubleday, 1990.

SENGE, P.; OTTO SCHARMER, C.; JAWORSKI, J.; FLOWERS, B. S. *Presença:* propósito humano e o campo do futuro. São Paulo: Cultrix, 2007.

SERASA EXPERIAN. *Estudo das empresas usuárias do Modelo de Excelência da Gestão®.* São Paulo, 2009.

SHEHABUDDEEN, N.; PROBERT, D.; PHAAL, R.; PLATTS, K. Representing and approaching complex management issues: part 1 – role and definition. Centre for Technology Management, *Working Paper Series* (USA), University of Cambridge Institute for Manufacturing, 1999.

SHEWHART, W. A. Economic control of quality of manufactured product. New York: Van Nostrand, 1931.

SLACK, N. et al. *Administração da produção.* São Paulo: Atlas, 1997.

SMARÇARO, J. *A construção de um modelo de referência baseado em boas práticas para um setor de estocagem, preparação e movimentação de produtos petroquímicos.* 2009. Dissertação (Mestrado em Engenharia de Produção) – Programa de Engenharia de Produção da Universidade Federal do Rio de Janeiro, Rio de Janeiro, 2009.

SMITH, Martin. Business process design: correlate of success and failure. *Quality Management Journal*, Milwaukee (USA), American Society for Quality, v. 10, n. 2, p. 38-49, 2003.

SOTILLE, MAURO. *PMBOK® & CMM + CMMI* – resumo. PMTech, 2003.

SROUR, R. H. *Poder, cultura e ética nas organizações.* São Paulo: Campus, 1998.

TAYLOR, F. *Princípios da administração científica.* São Paulo: Atlas, 1995.

TAYLOR, L. J. Selecting and implementing quality management models. *Annual Quality Congress*, Charlotte (NC), v. 55, n. 0, p. 286-291, 2001.

TORBICA, Zeljko M.; STROH, Robert C. HOMBSAT – an instrument for measuring home-buyer satisfaction. *Quality Management Journal*, Milwaukee (USA), American Society for Quality, v. 7, n. 4, p. 32-44, 2001.

UNION OF JAPONESE SCIENTISTS AND ENGINEERS (JUSE). Disponível em: < http://www.juse.or.jp/e/index.html>. Acesso em: 30 abr. 2007.

VAN DER AALST, W. M. P.; DREILING, A.; GOTTSCHALK, F.; ROSEMANN, M.; JANSEN-VULLER, M. H. Configurable process models as a basis for reference modeling. *Proceedings of the 3rd International Conference on Business Process Management (BPM)*, Nancy (France), p. 1-15, 6-8 Sept. 2005.

VAN DER WIELE, A.; WILLIAMS, A. R. T.; DALE, B. G. Total quality management: is it a fad, fashion, or fit? *Quality Management Journal*, Milwaukee (USA), American Society for Quality, v. 7, n. 2, p. 65-79, 2000.

VERNADAT, F. B. *Enterprise modeling and integration:* principles and applications. London: Chapman & Hall, 1996.

VICENTE, K. *Cognitive work analysis*: toward safe, productive, and healthy computer-based work. Mahwah: Lawrence Erlbaum Associates Publishers, 1999.

VOLLMANN, T. E. *The transformation imperative*: achieving marketing dominance trough radical change. USA: Boston, Harvard Business School Press, 1996.

VON BROCKE. Design principies for reference modeling. In: FETTKE, Peter; LOOS, Peter (Ed.). *Reference modeling for business systems analysis.* Hershey: Idea Group Publishing, 2007.

WEICK, K. E.; SUTCLIFFE, K. M. *Managing the unexpected*: assuring high performance in an age of complexity. San Francisco: Jossey-Bass, 2003.

WHEATLEY, M. J. *Liderança e a nova ciência*: descobrindo ordem num mundo caótico. 3. ed. São Paulo: Pensamento/Cultrix, 2002.

WOOD JR., Thomas; URDAN, Flávio Torres. Gerenciamento da qualidade total: uma revisão crítica. WOOD JR., Thomas (Coord.). *Mudança organizacional.* 4. ed. São Paulo: Atlas, 2004.

ZILBOVICIUS, M. *Modelos para a produção, produção de modelos:* gênese, lógica e difusão do modelo japonês nas organizações de produção. São Paulo: Fapesp, 1999.

RR DONNELLEY

IMPRESSÃO E ACABAMENTO
Av Tucunaré 299 - Tamboré
Cep. 06460.020 - Barueri - SP - Brasil
Tel.: (55-11) 2148 3500 (55-21) 3906 2300
Fax: (55-11) 2148 3701 (55-21) 3906 2324

IMPRESSO EM SISTEMA CTP